国家自然科学基金项目"人口流动与地区社会保险成本不平衡影响机制及其经济后果"（项目编号：71863003）

经济管理学术文库·经济类

企业社会保险成本研究：
经济后果与地区不平衡成因

Study of Corporate Social Insurance Costs:
Economic Consequences and Causes of Regional Imbalance

林　灵／著

经济管理出版社
ECONOMY & MANAGEMENT PUBLISHING HOUSE

图书在版编目（CIP）数据

企业社会保险成本研究：经济后果与地区不平衡成因/林灵著. —北京：经济管理出版社，2022.3

ISBN 978 - 7 - 5096 - 8362 - 0

Ⅰ.①企⋯　Ⅱ.①林⋯　Ⅲ.①企业—社会保险—成本—研究—中国　Ⅳ.①F842.61

中国版本图书馆 CIP 数据核字（2022）第 047047 号

组稿编辑：张　　昕
责任编辑：郭　　飞
责任印制：黄章平
责任校对：王淑卿

出版发行：经济管理出版社
　　　　　（北京市海淀区北蜂窝 8 号中雅大厦 A 座 11 层　100038）
网　　址：www. E - mp. com. cn
电　　话：（010）51915602
印　　刷：唐山玺诚印务有限公司
经　　销：新华书店
开　　本：720mm × 1000mm/16
印　　张：12
字　　数：185 千字
版　　次：2022 年 4 月第 1 版　　2022 年 4 月第 1 次印刷
书　　号：ISBN 978 - 7 - 5096 - 8362 - 0
定　　价：88.00 元

前 言

近十年来，在我国经济社会发展过程中存在两个比较突出的特征：一是我国各地区连续多年上调社会保险缴费基数，企业社会保险成本负担过高的问题愈发凸显，并且企业社会保险成本支出的地区不平衡现象持续存在，一些经济发展比较迟缓的地区社会保险费率反而高于经济发达地区，其缴费基数也相对偏高；二是自改革开放以来我国出现了劳动力长期大规模的跨地区流动，从中西部地区迁移到东南沿海地区，对地区经济以及人口结构产生了深远影响。以上特征事实引发我们的深思：各地区企业社会保险成本由何种因素决定？过高的企业社会保险成本是否抑制了实体经济的发展？企业社会保险成本的地区分布不平衡从何而来？企业社会保险成本差异与劳动力长期大规模跨地区流动之间是否存在深层次的联系？本书将对以上问题进行详尽的理论与实证分析。

本书首先引入两期世代交叠模型，从理论上深入诠释企业社会保险、企业发展、地区差异、人口结构变动间存在的内在复杂逻辑关系，然后利用中国工业企业数据库大样本数据及已收集的全国287个地级市、副省级城市、直辖市的社会保险费率以及基数，匹配以城市层面的其他经济数据，实证检验企业社保成本变动的经济后果、地区人口流动对企业社保成本的影响以及地区经济发

展与企业社保成本之间的相互影响。本书的创新之处在于基于人口流动的视角
阐述了地区企业社会保险成本不平衡内在生成机理以及过高社会保险成本所导
致的区域经济不平衡。本书将带领读者深刻理解企业社会保险成本变动可能带
来的经济后果以及导致我国地区企业社保成本乃至地区经济不平衡背后的历史
成因。

本书各章内容简介如下：

第1章：绪论。主要介绍研究背景与研究意义、研究思路与研究方法、研
究内容与章节安排以及主要创新之处。

第2章：文献综述。主要从社会保障对劳动力市场的影响、社会保险支付
制度及人口结构变动等方面对相关文献进行梳理和评述。

第3章：理论分析：一个概念性框架。构建一个含有两期世代交叠模型的
概念性框架，从理论上深入诠释企业社会保险、企业发展、地区差异、人口结
构变动间存在的内在复杂逻辑关系，并通过求解数值解，展开静态分析，提出
研究假设。

第4章：企业社会保险成本变动的经济后果。利用 2000～2013 年工业企
业的大样本数据，构建计量经济分析模型，实证检验企业社会保险成本变动的
经济后果，即企业社会保险成本变动对企业投资、利润与雇佣的影响效应。

第5章：企业社会保险成本变动的异质性效应。从行业类型、规模以及工
会三个层面深入探讨不同特征类型企业社会保险成本变动的异质性经济反应，
并进行异质性效应产生原因的探究。

第6章：人口流动与地区企业社会保险成本不平衡。基于人口流动视角系
统考察企业社会保险成本负担地区差异的作用机理，揭示企业社会保险成本地
区不平衡背后的人口结构根源。

第7章：地区经济发展与企业社会保险成本的良性循环和恶性锁定效应。

实证检验地区经济发展与企业社会保险成本的关系，并简要探究社会保险缴费政策对地区经济增长的影响，以此识别地区经济发展状况影响企业社会保险成本的良性循环效应以及恶性锁定效应。

第8章：研究结论、政策建议及研究展望。总结全文的研究内容，并尝试提出一系列兼顾企业和地方财政双方利益的政策建议，同时提出下一步研究的展望。

本书的出版得到了国家自然科学基金项目"人口流动与地区社会保险成本不平衡：影响机制及其经济后果"（批准号：71863003）的资助，笔者在此表示衷心的感谢。此外，本书的完成还得益于笔者所在单位科研资源与条件的保障和出版社工作人员的大力支持，在此一并表示感谢。

由于笔者学识有限，疏漏和不当之处在所难免，敬请广大读者和同行批评指正。

林　灵

2021 年 7 月 10 日

目　录

第1章 绪论

1.1 研究背景与研究意义

近十年来，在我国经济社会发展过程中存在两个比较突出的特征：一是我国各地区连续多年上调社会保险缴费基数，企业社会保险成本负担过高的问题愈发凸显，并且企业社会保险成本支出的地区不平衡现象持续存在，一些经济发展比较迟缓的地区社会保险费率反而高于经济发达地区，其缴费基数也相对偏高；二是自改革开放以来，我国出现了劳动力长期大规模的跨地区流动，从中西部地区迁移到东南沿海地区，对地区经济以及人口结构产生了深远影响。2000~2013 年，我国城市平均社保缴费基数从 477.85 元/月增长到 2209.86 元/月，增长了 4.93 倍①。根据白重恩等（2012）的测算，我国的各项社会保险成

---

① 此处数据依据笔者手工收集整理的我国 2000~2013 年地级以上城市社会保险缴费基数计算所得。

本总和已经达到社会平均工资水平的 40%，相对较高。根据 2010 年的人口普查数据，人口流出地区的老年人比重及老年人抚养比率都显著高于人口流入地区。与此同时，人口流出地区的城市社会保险费率水平也显著高于人口流入地区：如 2000 ~ 2013 年广东城市社会保险费率（养老、医疗、失业、生育和工伤保险企业缴纳费率之和）平均为 23.39%，而毗邻的广西同时期城市社会保险费率平均值则达 30.42%，如表 1 - 1 所示。以上特征事实引发我们的深思：各地区企业社会保险成本由何种因素决定？过高的企业社会保险成本是否抑制实体经济的发展？企业社会保险成本的地区分布不平衡从何而来？企业社会保险成本差异与劳动力长期大规模跨地区流动之间是否存在深层次的联系？本书将对以上问题进行详尽的理论与实证分析，希望能够给予读者有效的解答。

表 1 - 1　人口流动与地区社会保险费率及基数比较[①]

	人口流动比率	费率均值	差异	基数均值	差异
全国	—	0.295	—	1336.65	—
广东	24.420	0.234	-0.07 ***	1325.78	-43.81
广西	0.201	0.304		1369.59	
浙江	6.385	0.270	-0.039 ***	1232.07	64.93
安徽	0.075	0.309		1167.14	
福建	2.589	0.280	-0.013 ***	1143.38	8.89
江西	0.104	0.293		1134.49	

注：＊表示 $p < 0.10$，＊＊表示 $p < 0.05$，＊＊＊表示 $p < 0.01$。

---

① 根据 2000 ~ 2013 年全国地级市、副省级城市及直辖市社会保险费率及基数整理所得。人口流动比率 = 户口登记地为外省份的人口数（流入人口）/户口地为该省但人在外省份的人口数（流出人口），该数值根据 2010 年全国人口普查数据整理计算而得。

自改革开放以来，我国逐步建立了社会统筹和个人账户结合的社会保险体制。在这个体制中，社会保险（养老、医疗、失业、工伤和生育）费用主要由企业和个人共同分担，其中企业负担了大部分法定社会保险成本。随着我国经济增长率趋于平稳，劳动市场规制程度趋严，企业社会保险成本负担较重的问题日益凸显，亟须政府采取措施减轻企业负担。同时随着人口的代际更替阶段来临，我国逐渐步入老龄化社会，居民需要政府提供越来越多的社会保障福利。要调和兼顾这两方面的利益诉求，需要政策制定部门对企业社保成本变动的经济后果及其与地区人口结构变动的内在关系有全面深入的理解。但我国现有研究普遍关注的是社会保障（或保险）对居民（工作时间、收入分配及消费储蓄等）以及经济增长的影响（白重恩等，2012；汪伟，2012；程杰，2014；曾益等，2018），或者从影响劳动者消费—闲暇替代关系及代际公平等视角研究最优社会保险费率以及替代率（张迎斌等，2013；康传坤和楚天舒，2014；刘昌平和毛婷，2020）。很少从企业角度研究社会保险成本变动对实体经济发展所造成的经济后果，也几乎没有注意到企业社会保险成本负担地区之间存在显著差异的事实以及背后的人口结构根源。这使得社会公众和有关部门对此问题认识不足，单纯通过降低社会保险费率或扩大覆盖范围来解决问题，在政策制定过程中对企业的诉求考虑较少，有"涸泽而渔"的倾向。在这个大背景下，本书的研究不但契合社会现实需要，弥补了现有研究不足，也有助于社会公众和有关部门深刻理解社会福利与企业发展之间的复杂联系以及地区企业社会保险成本不平衡的历史成因，营造有利于企业发展的舆论导向，促进社会保障政策的制定具有全面性和针对性，促进地区社会保险乃至区域经济协调发展。

1.2　研究思路与研究方法

1.2.1　研究思路

企业的社会保险成本负担过重所引发的社会矛盾已广受关注，但目前仍未有这方面严谨的研究，本书的写作循着"企业社会保险成本变动（上升或下降）对企业将会产生什么经济后果，即对企业雇佣率、投资与利润等的影响，该影响是否具有异质反应——人口结构因素是否造成了企业社会保险成本的地区差异——人口结构因素引致的地区间社会保险成本差异的传导机制是什么——地区经济发展与企业社会保险成本是否相互影响"这一主线而展开。

首先，从理论建模分析出发，构建一个基于两期世代交叠模型的概念性框架，将社会保险、企业发展、地区差异、人口结构变动等多种因素纳入模型，厘清各种因素之间的复杂联系，并通过理论模型求解得到几个可检验的理论推断。

其次，在理论分析的基础上进行实证研究。第一，利用 2000 ~ 2013 年中国工业企业数据库，以工具变量估计策略，从微观企业层面考察企业社会保险成本变动的经济后果，即对企业雇佣、投资和利润水平的影响。第二，通过对子样本的 2SLS 估计，进一步检验不同特征或类型企业是否存在社会保险成本变动的异质性效应。第三，以实证检验中使用的工具变量"城市老年人比重"为启发点（人口流动可能导致城市老年人比重显著差异），在理论分析基础上，进一步思考并验证企业社会保险成本地区差异与人口流动、人口结构变动、地方财政压力、地方社会保险费率变动之间的传导关系。第四，进一步考察地区经济发展状况影响企业社会保险成本的良性循环效应以及恶性锁定效应。

最后，在本书理论和实证研究的基础上提出相应的政策建议。

1.2.2　研究方法

本书的研究融合理论分析与实证研究。在理论分析部分，应用局部均衡模型求解社会保险成本对企业最优投资、劳动雇佣和利润的影响，应用世代交叠模型的建模框架考察人口结构变动对企业社会保险费率的决定。在世代交叠模型中，假定经济中每个人的存活期为两期（年轻时期与老年时期），在每一期中同时存在年轻人与老年人，年轻人工作并需要缴纳社会保险费，老年人退休享受社会保障所得。本书将在模型中引入企业、地区和政府三种代理角色，同时考虑企业最优雇佣和投资水平、劳动市场均衡与政府财政预算平衡约束。由于该模型的非线性方程组没有显示解，因此采用数值分析方法求出模型的数值解，并调整模型的几个重要参数，进行比较静态分析。

在实证研究部分，本书采用线性回归分析方法构建计量经济模型，实证检验感兴趣的变量对因变量的影响方向以及统计显著性。本书的实证研究需要解决计量经济模型中经常遇到的两类内生性问题：一是感兴趣变量与因变量同时受到不可观测因素的影响；二是因变量对感兴趣的变量具有逆向因果作用。内生性问题的存在使计量回归分析得到的系数估计值出现偏误，系数估计值反映的只是相关关系而非本书需要寻求的因果关系。本书拟采用工具变量法解决内生性问题，即找到一个与感兴趣变量有密切关联但又与不可观测因素以及因变量的关联度较小的变量作为工具变量，然后应用两阶段最小二乘法（2SLS）

估计计量回归方程。为此，本书拟在对所遇到的内生性问题做具体深入辨析的基础上，根据本书理论分析所揭示的传导机制，选取合适的工具变量，应用2SLS进行估计，以求得到可靠的因果效应估计值。

1.3 研究内容与章节安排

本书的研究由五个主要部分内容构成：第一部分为理论建模分析，提供一个理论上的概念性框架考察企业社会保险费率、地区人口流动、地区人口老龄化之间的相互联系；第二部分是对企业社会保险成本变动的经济后果的经验研究；第三部分考察企业社会保险成本变动的经济后果是否存在异质性效应；第四部分深入探究人口流动与企业社保成本地区不平衡的作用传导机制；第五部分识别地区经济发展状况影响企业社会保险成本的良性循环效应以及恶性锁定效应。具体而言，本书共分为8章：

第1章：绪论。首先，通过研究背景的介绍和关键问题的文献回顾提出问题，进而说明本书的研究思路与研究方法。其次，阐述本书的研究内容与章节安排。最后，说明本书的主要创新之处。

第2章：文献综述。主要从社会保障对劳动力市场的影响、社会保险支付制度及人口结构变动等方面对相关文献进行梳理和评述。

第3章：理论分析：一个概念性框架。提供一个理论上的概念性框架考察企业社会保险费率、地区人口流动、地区人口老龄化之间的相互联系。首先，考虑一个局部均衡的企业最优化模型，考察在其他条件不变的情况下，社会保险成本变动对企业最优投资、劳动雇佣以及利润的影响。然后将模型拓展为一个生存期为两期、两个地区以及两个企业的世代交叠模型，在模型中考虑到地区劳动市场均衡和政府财政预算平衡约束。其次，详尽分析人口结构的动态变化，结合模型得出均衡工资与社会保险费率方程。最后，求得模型解。模型的解是一组两个地区的工资和社会保险费率，使两个地区的劳动市场供需保持平衡以及两地区政府财政收支保持平衡。由于模型需要求解一组非线性的方程组，没有显示解，因此只求解模型的数值解，并做各种比较静态分析，以充分考察人口结构与社会保险费率之间的相互关联。

第 4 章：企业社会保险成本变动的经济后果。本书关注的是企业社会保险成本对实体经济的影响，因此本章专门考察企业社会保险费用占比变动对企业雇佣、投资以及资产利润率的因果效应。首先，利用 2000 ～ 2013 年工业企业的大样本数据，构建计量经济分析模型，实证检验企业社会保险费用占比变动的经济后果。在这一部分，面临的实证困难是内生性问题，即企业社会保险成本支出可能与企业层面不可观测的因素相互关联，如那些财务状况宽松或者愿意进行大量投资的企业，也很可能同时是愿意为职工支付足够社会保险费用的企业。因此企业社保费用占比对企业经济后果变量（雇佣、投资和利润）的回归估计值，可能反映的是两者同向变动的相关关系，而非真正的因果关系。因此本章将利用第 3 章的理论分析成果，引入企业所处城市的老年人比重作为企业社保费用占比的工具变量，进行两阶段最小二乘法回归（2SLS）估计。其次，为了确保所引入工具变量的合理性，本章还将对老年人比重影响企业社会保险费用占比的中间传导环节进行实证检验，同时做排除性检验，排除出现老年人比重直接影响企业经济后果的可能性。最后，做稳健性检验，以保证研究结论的可靠性。

第 5 章：企业社会保险成本变动的异质性效应。第 4 章的研究集中于识别企业社会保险成本与企业投资、利润与雇佣的因果关联，忽视了企业异质性因素。而不同特征类型的企业，社保成本变动的影响很可能存在很大程度的差异，因此有必要专门考察异质性企业的经济反应。本章考察三类异质性：行业类型、规模以及工会，将分别对三类异质性企业的子样本进行 2SLS 估计，同时还对异质性效应产生的原因进行了探究。

第 6 章：人口流动与地区企业社会保险成本不平衡。本章深入考察人口流动对企业社会保险成本地区差异的作用传导机制。根据理论分析推断，地区间的人口流动影响不同地区的人口结构，人口流入地区的老年人比重下降，而人口流出地区的老年人比重上升。随着老年人比重的上升，地方政府的社会保险支出增加，财政压力加大。为了缓解社会保险支付所造成的财政紧张状况，地方政府通过提高社会保险费率、上调社会保险缴费基数以及加强社会保险费征缴力度等方式扩大社会保险费收入，这是造成企业社会保险成本上升的主要根源。本章将利用2000 年和2010 年两次人口普查数据，先计算出近十年来每个省份人口流出和流入的数量，再结合全国地级市各项财政经济指标，构建2000～2013 年的城市面板数据，严谨细致地实证检验人口结构变动与地区财政压力以及地区财政压力和地区社会保险费率及基数间的复杂传导关系。

第 7 章：地区经济发展与企业社会保险成本的良性循环和恶性锁定效应。本章重点识别地区经济发展状况影响企业社会保险成本的良性循环效应以及恶性锁定效应。其一，实证检验分析地区经济发展与企业社会保险成本的关系。根据分析提出现实中可能存在的两种不同情况：第一种情况是对于人口流入多的城市，其企业总体状况越好、经济发展越好以及财政收支状况越好，企业社保支出比重应该越低；第二种情况是对于人口流出多的城市，其企业总体状况、经济发展以及财政收支状况的变动，对企业社会保险支出比重没有负向关系。第一种情况意味着存在经济发展与社会保险成本之间的良性循环效应，第二种情况则意味着人口流出多的地区似乎被锁定在低水平的陷阱中，难以形成良性循环，因此称之为恶性锁定效应。使用工业企业数据结合城市层面数据，对以上两种可能性进行实证检验，并专门选取相邻而人口流出流入有较大差异的几个省份样本做分组检验，以确保实证检验结论的稳健可靠。其二，简要探究社会保险缴费政策对地区经济增长的影响。

第 8 章：研究结论、政策建议及研究展望。总结全书的内容发现，并尝试提出一系列兼顾企业和地方财政双方利益的政策建议，同时提出下一步研究的展望。

1.4　主要创新

本书研究的主要创新点之一在于首次比较全面完整地分析了我国企业社会保险成本变动的经济后果，并探究了社会保险成本变动的异质性效应，而这些在现有文献中普遍被忽略。我国现有研究关注的内容包括社会保障对居民消费以及储蓄的影响、社会保障对劳动供给水平的影响、社会保险费率的确定、社会保险收支体制问题及改革研究等，而普遍忽略了目前社会保险资金贡献比重最大的企业。本书研究显示，企业社会保险成本变动对企业投资和利润水平具有显著效应，可能对实体经济产生长期实质性影响；同时社会保险成本变动具有异质性效应：劳动密集型行业的企业、规模大的企业以及有工会组织的企业，其社会保险成本变动的负面效应更为显著，而此异质性效应在一定程度上源于不同特征类型企业的劳动资源配置效率差异。

本书研究的主要创新点之二在于构建了一个基于两期世代交叠模型的概念性框架，将社会保险、企业发展、地区差异、人口结构变动等多种因素纳入模型，有效厘清了各种因素之间的复杂联系，并通过理论模型求解得到几个可检验的理论推断。

本书研究的主要创新点之三在于首次考察了人口流动引致的人口结构变动对企业社会保险成本地区差异的微观传导机制。劳动力由西向东长期的大规模迁移是中国经济发展进程中一个非常突出的现象，此前的研究虽然注意到人口结构与社会保障之间存在密切联系，但其研究重点在于人口老龄化带来的社会保障需求以及对社会保险支付制度的宏观层面影响。对于造成地区间人口老龄化差异的根源以及由此导致的企业社会保险成本地区差异，现有研究基本没有触及。本书首次从微观层面在理论和实证上研究了由于人口流动所造成的人口结构变动影响企业社会保险成本差异的完整传导链条，发现了地区经济差异背后的长期性因素。

本书研究的主要创新点之四在于首次关注地区经济发展与企业社会保险成本之间的联系，并发现地区经济发展与社会保险成本之间存在两种截然不同的效应：良性循环效应和恶性锁定效应。

第 2 章　文献综述

2.1　社会保障对劳动力市场的影响研究

2.1.1　社会保障对企业就业与工资的影响研究

2.1.1.1　国外研究现状

社会保险是社会保障的核心，企业的社会保险费用属于法定强制性的社会福利支出（Mandated Benefits），Summers（1989）首先从理论上探讨了这类强制性缴纳的福利成本对劳动市场均衡就业和工资的影响。Summers 指出，当企业必须为雇用员工缴纳社会福利成本时，其劳动需求减少（劳动需求曲线内移）；而劳动供给的变化取决于企业雇员如何看待此类强制性缴纳费用的社会福利。如果雇员将其视为对工资所征收的税收，而此项税收是由雇主支付而非雇员支付，则劳动力供给保持不变（劳动供给曲线不发生移动），均衡的就业量下降，均衡工资减少，企业和雇员为此都承担了一部分社会福利费用；如果视为工资外的额外所得，则在劳动需求下降的同时，劳动供给将会增加（即劳动供给曲线外移），相比前一种情形，均衡就业量下降幅度不大，而均衡工资减少幅度较大，雇员承担了更多的社会福利成本。沿着 Summers 的思路，Gruber 和 Krueger（1991）检验了美国企业为员工缴纳的工伤保险费用对工资和就业的影响。他们的研究发现，其中存在显著的负相关关系，那些缴费费率高的州，其劳动者的工资水平相对更低。相应地，工伤保险成本对劳动者就业具有一定的负效应，工伤保险缴纳费率每增加 1%，就业人数约减少 0.11%，但他们发现其统计关系并不显著。因此 Gruber 和 Krueger 认为此项成本（以及类似的社会保险成本）实际上大部分主要是通过降低工资的形式转嫁给受雇用的劳动者，对就业的负面影响是次要的。1975～1978 年美国各州纷纷推出的反对歧视怀孕妇女法案，该法案导致企业在雇用员工时所必须承担的医疗保险费用明显增加。Gruber（1994）利用此次事件作为自然实验，考察该法案实施对不同年龄段劳动者的影响，发现该法案显著减少了受雇劳动者的工资，但是对工作时数并没有显著效应。1981 年智利对其社会保障系统进行私有化，导致企业负担的社保成本大幅度下降。Gruber（1997）考察了社保体系私有化冲击的经济后果，得到的结论与 Gruber（1994）类似，企业员工的工资显著增加，但企业雇用水平并没有显著下降。根据 Gruber 等（1991）的经验研究，企业法定缴纳的社会保险成本实际被大部分转嫁到员工的工资上，对就业的影响甚微。Kolstad 和 Kowalski（2012）考察了美国马萨诸塞州社会保险体制改革对劳动者工资水平的影响。2006 年马萨诸塞州启动了新的社会保险项目，要求州内超过 11 个全职雇员的企业可以选择参与这个新的社会保险项目，或者选择不参与，但缴纳一部分罚金。Kolstad 和 Kowalski 发现，参与该项目的企业平均工资水平低于没有参加该项目的企业，但工作时数并没有明显下降，说明劳动者对于社会保险成本的评价是一种福利而非额外的成本。Melguizo 和 González – Páramo（2013）利用 Meta 分析方法考察了 52 篇实证研究论文的研究结果，发现在大陆和盎格鲁—撒克逊的国家中大概 2/3 的社会保险成本是由雇员负担的（通过降低工资水平），而在北欧国家这一比例高达 90%。Prada 等（2015）考察智利儿童医疗保险成本对妇女工资水平的影响，根据智利的法律，拥有超过 20 名妇女员工的企业有法定义务提供儿童医疗保险。Prada 等据此进行断点回归（RDD）估计，发现提供儿童医疗保险的企业妇女员工工资水平显著低于那些拥有不超过 20 名妇女员工的企业的妇女工资，低幅为 9% ~ 20%。社会保险成本对女性和男性劳动者可能有不同的影响。Vargas（2011）发现企业社会保险成本对工资的影响具有性别差异。哥伦比亚于 20 世纪 90 年代中期进行了社会保险制度改革，将工资税率提高 10%，并相应增加了社会保险给付。Vargas 利用这次制度改革作为自然实验，采用双重差分估计社保成本提高的工资效应，发现相对于控制组，妇女因此而减少了 7.2% 的工资，而男性劳动者的工资却相对上升 7.1%。但 Baicker 和 Chandra（2006）的研究表明，社保成本有可能对劳动市场产生更为复杂的经济效应，他们考察了 1996 ~ 2002 年美国医疗保险费用上涨的情况，这期间由于受医疗事故频发的影响，美国企业为员工缴纳的医疗保险费用出现了大幅度上涨。他们发现医疗保险费用上涨导致就业下降、工作时间缩短以及工资减少，平均而言，医疗保险费用上涨 10%，使劳动者受雇用的可能性减少 1.2%，工资时间减少 2.4%，工资减少 2.3%；此外，企业因此增加了对不需要强制缴纳医疗保险费用的临时员工的雇用，医疗保险费用上涨 10%，劳动者被当作临时工雇用的概率增加了 1.9%。Kobayashi 等（2013）利用日本企业层面数据考察社会保障成本对日本劳动市场雇佣结构的影响，其实证检验显示社会保障成本对企业雇用水平没有影响，但与雇员工资显著负相关，这与 Gruber 等（1991）的研究结论是一致的；他们发现当社保成本率上升时，企业选择雇用更多的临时工以代替正式员工，根据他们的估计，临时工雇用人数增长中的30%可以被社保成本增加所解释，这与Baicker和Chandra（2006）的发现一致。Almeida和Carneiro（2012）也得到类似的结论，他们的研究显示非正规劳动者更倾向于转移进入正规部门的企业以享受社保利益；此外，他们还发现劳动者为了享受正规部门的企业社会保险利益，愿意接受比较低的工资水平。但也有理论和实证表明，企业难以将社保费用全部转嫁给员工，社保缴费引起的劳动成本上升将使劳动需求下降，对就业产生挤出效应，降低企业社会保险费用对于低技能劳动力就业有着显著的正向影响（Kramarz和Philippon，2001；Saez等，2019）。

此前大量研究均聚焦于私营企业的社会保险成本，而Clemens和Culter（2014）则把焦点转向公共部门（国有部门），重点考察美国学校雇员的社会保险所得与工资水平之间的关系。他们的研究发现，学校的社会保险成本上升并未导致其雇员工资明显下降（实际数据显示仅有微弱减少），其社会保险费用的增长部分主要来源于上一级政府部门的公共开支项目，而且所在地区的教师联盟力量越强大，则获得的当地政府资助金额就越多。他们的研究表明公共部门的社会保险成本对员工工资和劳动供给的影响并不适用于基于完全竞争市场的标准经济理论模型，其社会保险成本的分担在很大程度上取决于公共部门的政治谈判和议价能力。

企业除了负担显性的社会保险成本外，还必须承担特定的社会保障义务，如关于伤残劳动者的法定保护性义务，这些也产生一定的隐性社会保障成本。美国残疾人法案（ADA）于1992年实施，该法案要求雇主在雇用、升职、薪酬等方面不得对残疾人有歧视行为，而且具有合理调适（Reasonable Accommodation）的义务，即要创造条件帮助残疾人能够正常工作，如购买活动轮椅等辅助设备以及重构工作流程等。Acemoglu和Angrist（2001）评估了ADA实施的经济效果，发现 ADA 的实施导致企业雇用残疾人数量大幅度下降，与排除在 ADA 法案之外的小公司相比，中等规模的公司雇用残疾人数量下降更为显著，在那些有更多与 ADA 法案相联系的诉讼案件的州，ADA 导致的负面雇用效应更大。Deleire（2000）也得到了类似结论。Jolls 和 Prescott（2004）进一步的研究表明，ADA 法案生效后对劳动者雇佣产生的大部分负面效应可归因于法案中的合理调适规定，而非反歧视导致的解雇成本上升。奥地利规定企业每雇佣 25 名健康员工就必须雇佣一名残疾员工，否则就必须支付额外的税收作为罚金。Lalive（2013）的研究表明，征收惩罚性的税确实可以提高企业雇佣残疾员工的数量，平均而言，在征税情况下的企业比不征税情况下的企业相对多雇佣 12% 的残疾劳动者。

雇员的法定社会保险支付对于企业而言是一种成本负担，尤其是小企业。一些研究认为，由于大型企业具有规模经济效应，员工成本低，因此有能力负担其雇员的社会保险费用；相对而言，小企业没有规模经济效应，人力成本高，社会保险的成本负担相对较重（Chu 和 Trapnell，2003；Feder 和 Whelan，2008）。Ariely 等（2013）认为，小企业也要通过潜在的社会契约维系企业与员工之间的社会关系，因此尽管经济上提供社会保险不甚合算，但是出于隐性社会关系契约的需要，仍要替其雇员支付社会保险费用。Ariely 等（2013）考察了美国 15000 个小企业样本，发现在 2008 年金融危机中，那些为员工提供健康保险的小企业的员工工资相对于不提供健康保险小企业员工，减少幅度更小，这种效应在那些对人力资本要求高的行业更为明显。这表明隐性的社会规范与企业社会保险之间存在密切联系，影响企业提供社会保险的因素不仅是经济因素，还包括社会文化、习俗、规范以及行为等。

2.1.1.2　国内研究现状

我国在这方面的研究开展较晚，相关研究并不多。Li 和 Wu（2013）利用

2004～2006年140000个工业企业的数据分析我国养老金改革对企业工资的影响，他们的发现与此前国外研究基本一致：养老成本上升导致企业员工的实际工资水平下降。此外，他们还发现在产业集聚程度高的区域，养老成本增加导致企业利润下降，说明企业无法完全将养老保险成本转嫁给员工；而在产业集聚程度低的地区，养老成本上升反而增加了企业的利润率，他们推测可能是由于地方政府为了吸引投资而增加对所在地区企业的养老成本补贴。而封进（2014）采用中国健康与营养调查数据分析，发现总体而言社会保险对工资的作用不明显，但分组检验显示社会保险对工资的影响存在异质性效应：低人力资本（受教育程度和职业技能较低）的员工工资与社会保险有显著负相关关系，而高人力资本的员工工资随着社保保险的增加工资却还提升，表明企业社保成本主要转嫁于低人力资本员工。马双等（2014）讨论了我国各地区养老保险缴费费率对企业就业和工资的影响。他们的研究表明，地区养老保险缴费比率上涨1%，员工工资约减少0.6%，企业雇用人数减少0.8%。他们同时发现，对于工资水平低的企业，养老保险缴费对工资几乎不存在挤出效应，而是显著减少了企业雇用人数；对于工资水平高的企业，养老保险缴费对工资产生了完全的挤出效应，但是没有影响到企业雇用水平。刘贯春等（2021）则以2011年《社会保险法》为准自然实验，利用双重差分模型系统深入考察了社会保险缴费对于企业劳动力雇佣决策的影响，研究发现社会保险缴费增加将显著影响企业劳动力雇佣决策，社会保险缴费费率每提高1个单位标准差，劳动力雇佣增长率将平均下降2.44%，合理地减轻社会保险缴费负担将有助于提升企业雇佣规模。宋弘等（2021）利用社保阶段性降费为切入点，基于社保费率下降的全新视角评估社保费率变动对企业行为的影响，研究的发现基本与刘贯春等的结论吻合：降低社保缴费费率能够显著提高企业劳动需求，每降低一个单位标准差约提高5.6%的企业招工规模，即每个企业平均增加雇佣10.2

人，而且社保降费对制造业企业、民营企业与中小企业的影响更为显著。马双和孟晓雨（2016）则基于企业养老保险缴费视角，利用中国家庭金融调查（CHFS）2011 年的数据，讨论劳动力成本与家庭创业的关系，实证发现提高养老保险缴费比率会降低居民创业积极性，对于需雇佣外部人员的私营企业负向影响尤其显著，企业养老保险缴费比率增加 1%，则有雇佣员工的私营创业概率降低 0.2%。其根源在于企业缴费比率的上升造成了劳动力成本增加，压缩了企业盈利空间：企业养老保险缴费比率上升 1%，则私营企业平均利润约减少 1.16 万元。除养老保险外，学者也从其他角度研究了社会保险的影响。陈琳（2011）运用中国健康和营养调查数据，实证检验发现我国生育保险制度显著加强了企业对女性的工资歧视，也降低了女性的就业机会。乔雪和陈济冬（2011）运用搜寻努力模型研究发现，如果征收较高的失业保险税，那么给予失业人员的失业保险金也会较高，这样反而增加了失业人员隐性就业的动机，降低社会产出。他们建议在隐性就业规模比较大的情况下，降低失业保险税，减少失业保险金的支付，增加政府对低生产率企业的监督。赵静（2014）从失业保险的另一个角度出发，利用 2002～2009 年中国城镇住户调查数据，以 2006 年扩大失业保险基金支出范围的试点政策作为外生"自然实验"，实证检验分析得出扩大失业保险基金范围（失业保险金不仅用于失业发放，也可用于职业培训、职业介绍等促进就业的支出）对就业有促进效应且还具有异质性。对于个体竞争力较弱且流动性较强的年轻个体、无配偶个体、女性和低教育水平个体其促进效应更显著。这说明扩大失业保险基金支出范围对于促进失业人员再就业是有效的。封进和张素蓉（2012）从企业层面出发，利用上海城保与镇保的差异，实证得出降低保险费率可以更有效地促进企业参保，而且对于平均人力资本较低的企业影响更大。这表明低水平的社保制度更有利于扩大社保覆盖面，进而从这个渠道提升社保资金收入。Qin 等（2012）利用

2007～2008 年的中国家庭收入项目流动劳动力调查数据，考察劳动合约长短
与社会保险覆盖面之间的联系，他们发现长期稳定的劳动契约有助于提高外来
劳动者的社会保险覆盖面，而短期劳动契约将使外来劳动者接受社会保险的可
能性下降。

2.1.2　社会保障对劳动力供给影响研究

2.1.2.1　国外研究现状

包括社会保险在内的社会保障，为适龄劳动者提供了必要的生活补助和扶
持，改变了劳动者面临的激励，深刻影响到个体的劳动供给决策。很多研究者
都发现失业保险金与劳动者的失业期限呈负相关关系（Moffitt，1985；Meyer，
1990；Meyer，1995；Gruber，1997），一般认为这是由于失业保险金减少了失
业者搜寻新工作的动力，使其有更充裕的时间寻找更合适的工作岗位，从而延
长失业期限（Krueger 和 Pischke，1992）。Acemoglu 和 Shimer（1999）构造了
一个一般均衡理论模型，在模型中劳动者属于风险规避者，失业保险鼓励劳动
者冒高失业风险以搜寻高工资待遇的工作，延长了失业时间，降低就业率；但
高工资的工作通常是具有高生产力的工作岗位，因此适度的失业保险有助于提
高失业风险分担程度，增加经济中高生产力工作岗位的占比，从而使经济产出
达到最大化。而 Chetty（2008）指出失业者通常受到流动性约束，无法通过金
融市场借贷平滑其一生消费，所以失业保险主要用于现期消费，在这种情况下
失业的劳动者无须马上投入新的工作（因为现期消费已经达到饱和），因此失
业保险对受到流动性约束的劳动者具有更强烈的延期效应。根据 Chetty 测算，
60% 的失业持续期延长主要归因于流动性效应，并非受到失业保险的扭曲激
励。近年来，一些实证研究也发现失业保险并没有太强的扭曲激励效应。Far-
ber 和 Valletta（2011）对美国 1994～2010 年的家庭调查数据进行分析，他们

发现失业保险领取期限的延长只是使劳动者失业期限有小幅增加。而 Schmieder 等（2012）则对经济周期不同阶段的失业保险效应进行专门的实证分析，发现相对于经济繁荣时期，在经济萧条时期失业保险导致的失业期延长效应下降了，这表明萧条时期失业保险的道德风险较弱。

研究者也发现，养老保险、医疗（健康）保险以及工伤或伤残保险等对劳动供给产生了复杂深远的影响。Krueger 和 Pischke（1992）利用 1977 年社会保障法案修订作为自然实验，考察 20 世纪七八十年代两代人的劳动供给变化，以识别社会保障利益对劳动供给的影响。1977 年，美国社会保障修正案对于退休人员的社会保障福利金采用新的计算公式，使其后退休的人群获得的退休收益下降。Krueger 和 Pischke（1992）发现这一修正案造成退休适龄群体较之前大量撤出劳动力市场，提前退休现象也比修正案之前更多。Madrian（1994）考察由雇主提供医疗保险费用的情况，发现医疗保险对于雇员而言具有"锁定效应"，为了继续享受医疗保险利益，雇员不愿意轻易离开所属企业。Madrian（1994）利用 1987 年美国医疗费用调查数据进行实证检验，他比较了有企业提供医疗保险和没有企业提供医疗保险两个样本组的离职率，发现医疗保险的锁定效应大约降低了自愿离职率平均水平的 25%。Buchmueller 和 Valletta（1999）注意到医疗保险与女性劳动参与的关系取决于其家庭的医疗保险状况：那些配偶没有医疗保险的已婚妇女通常工作时间更长以便获得享受医疗保险的资格，而一旦配偶已经获得医疗保险，已婚妇女的劳动供给将会减少。Olson（1998）、Schone 和 Vistnes（2000）的研究也都得到类似的结论。理论上，由于伤残个体的劳动能力难以评估，存在严重的信息不对称问题，有劳动能力的伤残人如果获得较多伤残保险补助，有可能放弃工作，因此伤残保险对劳动供给存在负面激励（Diamond 和 Sheshinski，1995；Autor 和 Duggan，2003）。Gruber（2000）对加拿大魁北克省和其他地区伤残保险项目的比较分析发现，伤残保险确实减少了劳动供给，降低了就业率，根据他的测算，伤残保险的非就业弹性在 0.28 ~ 0.36。Saez 等（2012）利用希腊 1993 年工资税改革的外生冲击考察社会保险成本对劳动供给和工资水平的影响。1993 年，希腊将工资税最高征税限额从 2432 欧元提高到 5543 欧元。1993 年以前参加工作的劳动者的最高工资征税限额继续按照 2432 欧元执行，而 1993 年以后参加工作的劳动者的最高工资征税限额则按照 5543 欧元执行。因此，当工资收入达到 2432 ~ 5543 欧元时，1993 年前后不久参加工作的劳动者尽管同处相同的劳动市场，但是仍然面临截然不同的边际工资税率。Saez 等（2012）利用断点回归（RDD）对此进行了实证检验，发现与传统劳动经济理论的预言并不一致，工资税的边际税率上升，劳动供给并未显著下降，而且企业给 1993 年不久以后参加工作的劳动者支付更高的工资，以补偿增加的边际工资税率。Ziebarth 和 Karlsson（2014）利用德国 1998 年病假薪酬补偿制度改革这一政策变更作为自然试验，研究社会保险所得对劳动供给的影响。1998 年，德国通过法令，将企业雇员在病假期间获得的补助从原来工资总额的 80% 提高到 100%，这一法令增加了雇主的成本，提高了雇员的福利所得。Ziebarth 和 Karlsson（2014）利用双重差分估计该政策的劳动市场效应，发现企业的劳动成本每年因此而增加 18 亿欧元，与此同时，雇员的工资也因此有明显减少，而企业加班的工作时数显著上升。他们的研究表明企业会通过减少工资和增加加班转嫁社会保险成本费用的增加。从 1983 年起，美国联邦和州政府开始对高收入的老年人征收社会保险所得税，Page 和 Conway（2015）研究了此项政策的劳动供给效应，他们发现如果高收入老年人的社会保险所得减少 20%，则他们的劳动参与时间将增加 2% ~ 5%。Bergolo 和 Cruces（2014）利用 2008 年乌拉圭的健康保险改革为自然实验，考察改革前后企业劳动雇佣的差异，他们发现健康保险改革增加了正规劳动者（在政府部门注册）的比重（比改革前上升 1.6%），而且这部分增量主要是由于劳动者参与率上升了（即劳动供给增加了），而并非是由于来自非正规部门的劳动力转移。

以上的实证研究大致支持社会保险所得的增减变化将会影响劳动者在职与退休决策的结论。但是社会保险所得的提高，除了引起在职人员的劳动供给增加之外，还引起了劳动市场发生一些结构性的变化；此外，对于不同收入的劳动者而言，社会保险所得变化的效应是不同的。Tsai（2015）考察了退休者社会保险收入提高的劳动市场效应，发现当退休者劳动保险收入提高时，他们更倾向于采用来自正规部门的看护服务，而减少了来自其儿女亲属的非正式看护服务。Puhani 和 Tabbert（2016）考察了德国养老金减少对德国外出劳务人员的影响，他们发现这部分人养老金所得的减少对其退休决策没有产生显著影响，据此认为养老金的变化对低技能的劳动者（如外出劳务人员）的退休决策影响甚微。

2.1.2.2　国内研究现状

近年来，随着我国经济社会的发展、人民生活水平的提高和社会保障制度的逐步完善，国内学者越来越关注社会保障，尤其是社会保险制度对于劳动供给的影响。程杰（2014）利用四川成都农村住户抽样调查数据考察了我国养老保险的劳动供给效应。他发现农村养老保险总体上显著降低了农民劳动参与率和劳动时间，但是不同类型养老保险所产生的激励效果是不一样的：失地农民保险使农民减少劳动参与率，而新农保和农民工综合保险则对农民的劳动选择决策产生影响。一些学者指出"新农保"政策在一定程度上抑制了农民无休止劳动的意愿（刘子兰等，2019），降低了老年人的劳动参与率（李江一和李涵，2017），减少了中老年人的劳动供给时间（张川川等，2014；吴海青等，2020），而且对于家庭收入较高的群体具有更显著的负向影响，农村居民生活观念的改变和家庭收入水平的提高，使社会养老保障的"催化"效应进一步凸显（吴海青等，2020）。但另一部分学者研究发现，参加农村社会养老和医疗保险能够促进农村老年人劳动时间供给，原因在于这类社会保障所产生的经济效应虽然在一定程度上抑制了中老年的劳动供给时间，但所带来的健康保障即健康效应会显著增加农村人口的劳动供给时间，且后者的影响效应大于前者（刘欢，2017；赵娜和魏培昱，2019；周小菲等，2020）。也有一些研究指出，社会保障政策对于劳动供给的影响具有异质性和非线性特征。周云波和曹荣荣（2017）研究认为，总体上"新农保"政策不会影响我国农村中老年人的总劳动供给时间和农业劳动时间。但进一步以60岁为界限的分样本检验显示："新农保"对60岁及以上老年人所产生的收入效应明显大于替代效应，参加新农保将有效减少高龄群体的总劳动供给时间和农业劳动时间，而对于60岁以下的中老年农户，新农保所产生的替代效应却大于收入效应，"新农保"政策将会增加其劳动供给时间。黄宏伟等（2014）的研究发现，"新农保"养老金收入减少了农村老年人的劳动供给时间，且对地区老年人劳动供给的影响不仅在年龄上存在异质性，在性别、健康状况及所在地区等方面也呈现出异质性特征：新农保养老金收入对男性老年人的影响明显大于女性，对年龄越接近60岁的农村老年人影响更大，对中等健康水平群体的影响明显大于健康良好或很差的群体，对西部地区的影响明显高于东部地区。刘奥龙（2019）则以城乡养老保险统筹政策的实施作为"自然实验"，采用 PSM – DID 从另一个角度分析社会保障对农业人口劳动供给的影响，研究指出城乡养老保险统筹政策的执行显著降低了农业人口的劳动供给时间，而且对于女性劳动供给时间的影响呈现更为明显的负向效应。而刘子兰等（2019）、吕捷和林宇洁（2019）的研究发现，养老保险政策对于劳动供给的影响不仅存在异质性特征，而且还呈现出非线性和非对称的影响效应。刘子兰等发现随着养老金财富的增加，农民自家农业生产的劳动供给时间将呈现先逐步上升再降低的倒

"U"型变化趋势，但对非农活动的劳动供给时间并未产生显著影响效应，同时"新农保"制度在一定程度上诱使个体产生提前"退休"的意愿。吕捷和林宇洁基于 McElroy – Horney 纳什博弈模型，采用断点回归实证考察了新农保制度对家庭老人劳动供给的影响效应，研究发现新农保不仅降低了本人的劳动供给时间，还会对配偶的劳动供给时间产生非对称的间接影响效应：男性领取养老金将会减少自身劳动供给，但增加妻子的劳动供给，而女性老人领取养老金则会对应减少自身及配偶的劳动供给时间。

2.1.3　社会保障对劳动力市场其他的影响

近年来，研究者逐渐关注到劳动者社会保障对企业和国家的影响。Calcagno 和 Sobel（2014）发现劳动市场规制程度能够显著影响小企业规模，他们的实证研究显示：劳动市场规制减少了雇员人数在 0 ~ 4 人的企业规模，但是增加了雇员人数在 5 ~ 9 人的企业规模。他们的研究说明劳动市场规制对于企业而言可能是一种固定成本。Agrawal 和 Matsa（2013）发现劳动者失业保险所得越高的地区，其企业的负债率越高。他们指出，这是由于企业的薪酬包含了一部分用于补偿劳动者在失业时可能付出的成本，因此当失业保险所得较高时，劳动者的失业成本较低，企业可以采用比较激进的经营政策而不需要顾及本企业职工的失业风险上升（因为这时包含失业成本补偿的薪酬并不会明显增加）。2008 年乌拉圭的健康保险改革要求雇主需要为雇员支付更多的健康保险费用，Bergolo 和 Cruces（2014）发现此举使瞒报或少报薪酬的现象相对于改革前上升了 25%，而且大部分此类事例是来自小企业。Olney（2013）利用美国对外直接投资（FDI）数据考察 FDI 的流向与劳动者保障之间的关系，发现劳动者保障越低的国家越能吸引到更多来自美国的 FDI；更有甚者，有明显的证据表明很多发展中国家为了吸引 FDI 而竞相降低法定的劳动者保障标准。而 Potrafke（2013）利用多国数据构造全球化和劳动市场规则程度（包括劳动者的法定社会保障）的指标，据此进行的实证研究结果并没有显示全球化会削弱劳动市场规则。但是由于上述研究均基于劳动市场综合性测度，目前我们还不清楚企业规模、全球化（或者全球性的资本流动）与劳动市场的某一特定部分制度（特别是劳动社会保障制度）是否具有明显的因果关系。Chivers 等（2017）分析政府健康保险政策、企业规模以及经济产出之间的理论联系，他们发现由于经济个体的管理才能和健康状况具有异质性，因此单一标准的健康保险政策可能导致人力资源的错配：具有较高管理才能但是面临较大负面健康冲击的个体可能选择成为雇员；具有中等管理才能但是面临正面健康冲击的个体将选择成为企业家。这种人力资源的错误配置限制了企业规模扩张和经济产出增长。

2.2　社会保险支付制度研究

目前，世界上大多数国家的社会保险支付制度属于现收现付制，即每一时期老年人获得的社保给付是由同时期年轻人缴纳的社保费用提供的。随着人口老龄化趋势的增强，赡养比率不断下降，而医疗成本和养老成本不断上升，很多国家面临社会保险支付危机，亟须改革原有的社会保险支付制度。Feldstein（1974）发现现收现付制导致个人储蓄率下降 30%～50%，个人工作时间缩短，两者都不利于经济的可持续发展。Feldstein 的结论引起经济学家的广泛争议，Leimer 和 Lesnoy（1982）指出 Feldstein 对社会保障财富的估算有误，修正了该错误并更新数据样本后，社会保障财富对总消费的系数估计值是不显著的。为此 Feldstein（1996）增加了 21 年的时间序列样本数据重新进行估计，发现估计结果还是显著的，现有的社会保障项目显著降低了大约60%的社会总储蓄水平。Feldstein 和 Samwick（1997）指出按照现行的现收现付制，社会保险体系产生的赤字将越来越大，到 2030 年将消耗掉全部社保体系的存量资金。因此，不少经济学家建议社保体系私有化，即建立以个人账户为支柱的社会保险制度，私有化的个人账户体制不但可以提高社保资金的收益，还能激励个人工作更长时间，延迟退休，减轻社保给付的压力（Kotlikoff，1996；Feldstein 和 Samwick，1997；Feldstein 和 Liebman，2000）。Kotlikoff（1996）的模型模拟结果表明，个人账户的社保制度有利于长期的经济增长和个人福利改进。Feldstein 和 Samwick（1997）、Feldstein 和 Liebman（2000）建议采用一种混合的社会保险制度，即将现收现付制与个人投资账户相结合，个人投资账户资金用于投资股票和债券，获取比较高的回报，这样就可以在不增加社保缴费的情况下维持社保体系的持续运作。但是也有一些经济学家反对私有化方向的社保制度改革。根据 Diamond（1965）的测算，股票市场回报率并没有主张社保私有化的经济学家所估计的那么高，而且未来还可能会降低。因此，Diamond 和 Orszag（2005）认为建立基金式的个人投资账户风险较大，管理成本较高，并不是可取的改革路径。他们建议采用一种所谓的平衡路径，即增加社保收入，同时减少部分不必要的社保给付，以此维持社会保险体系的持续运作。

一般认为基金积累制相对于现收现支制或许更有利于经济增长，原因在于：基金积累制对于社会整体而言是一种储蓄，而现收现支制只是一种从年轻人到老年人的财富转移，因此基金积累制有利于增加投资；此外，基金积累制对于劳动市场的扭曲相对较弱，有利于劳动供给和人力资源配置。Li 和 Lin（2011）从理论上分析了从现收现付制转向基金制对资本积累和代际福利的影响。当社会转向基金积累制时，政府需要融资以支付老年人的养老金（因为老年人没有个人的社会保险基金积累）。他们考察了三种政府融资方式：发行政府债券、向在职劳动者征税以及卖出政府控制的资产，发现转轨将会导致利率下降，私人资本增加，最终会使产出增长。但 Zandberg 和 Spierdijk（2013）考察了 58 个国家的养老保险基金化程度与经济增长之间的联系，他们发现无论从短期还是长期来看，都没有显著的证据表明基金积累制对于经济增长具有正的效应。在现实实践中，以基金积累制的社会保险体系运行效果也不甚理想。根据 Simonovits（2011）的回顾，1998 年匈牙利实施了私有与国有社会保险计划并行的双支柱体系，大概 50% 的匈牙利劳动者选择了以基金积累制为基础的私有社会保险计划。但是 Simonovits（2011）发现私有社会保险计划并没有提高社会保险体系的稳定性，在随后的一系列国际金融与经济危机的冲击下，私有社会保险计划已经难以为继，2010 年匈牙利政府宣布将私有社会保险计划国有化。

我国的社会保险体制属于以现收现付制为主体、结合个人账户的混合体制，随着人口老龄化社会的到来，社保支付的压力也越来越大。董克用（1995）指出，我国社会保险体制的特征是"穷人办了富人的事"，社会保险成本太高，导致社会保险覆盖范围狭窄，仅限于城镇企事业单位职工。国务院发展研究中心社会保障课题组（2000）在中国养老保障制度改革报告中提出我国应实行基金积累制的个人账户养老保障系统，通过基金的投资增值化解老龄化背景下的支付危机。Feldstein 和 Liebman（2005）也建议我国要建立基金积累制的个人账户，以保证未来的支付能力，他们认为非积累式的个人账户，资金容易被地方政府挪用，社保缴费比例较高。而由一些中外学者共同撰写的一份研究报告则认为，由于中国没有一个发育成熟运作良好的金融市场，投资风险大，因此，中国目前尚不宜实行基金积累制的个人投资账户，他们建议建立记账式个人账户，将个人账户的资金由社保机构统一使用，在管理良好的条件下既能降低风险，也能够满足未来的社保支付要求。封进（2004）从社会福利最大化角度出发，指出养老保险最优体系的选择应综合考量收入分配差异或工资、人口增长率与投资报酬率之间的关系，当收入分配差异较大，或工资增长率和人口增长率之和大于投资报酬时，采用现收现付制有益于社会福利的改善。基于比分析框架，他认为当时的现收现付制是中国养老保险体系的最佳选择。中国社会科学院经济研究所社会保障组（2013）显示，当时我国存在多轨养老保险体制并行的现象，多个社会群体分别拥有不同的养老保险福利待遇，引发很多群体间的社会矛盾。报告建议要将多轨并为一轨，将全社会群体都纳入一个统一的养老保障体制内，实行统筹与个人账户混合，建立正式的社会保险个人账户基金，由专业公司负责管理。彭浩然和陈斌开（2012）构建了一个世代交叠模型分析现收现付制下养老保险缴费率与养老金待遇之间的关系。他们的研究发现两者之间的关系取决于当前的缴费水平：当缴费率处于某一阈值下时，提高缴费率可以改善养老金待遇水平；而当缴费率处于该阈值以上时，提高缴费率将会恶化养老金待遇水平。

2.3 人口结构变动研究

2.3.1 人口老龄化影响研究

人口老龄化程度逐渐加深是我国人口结构变动的主要现象。人口老龄化对我国社会保险、储蓄、消费等诸多方面都产生了深远影响，但目前关于我国人口老龄化的影响研究还比较少。概括而言，现有的研究主要有如下三方面内容：

一是关注人口老龄化与社会保险（资金及收支制度）的关系。曾毅（2005）分析了人口老龄化与养老金缺口的问题，他指出，从21世纪初开始我国老年人比重增长快速，到2025年我国将进入老龄化程度比较高的阶段，如果保持现行退休年龄不变，届时将面临严重的养老金缺口问题，并且老年人比重越大，社会保险制度所承担的隐性债务也越高。他建议我国应该适当延长退休年龄，同时抓紧时间扩大农村社会保险覆盖范围，尽快建立以个人账户为基础的社会保险体制。程永宏（2005）分析了现收现付制与人口老龄化之间的动态关系，发现即使未来人口老龄化程度不断上升，只要产出增长率维持在3%以上水平时，现收现付制不会发生支付危机。汪伟（2012）构建了一个三期世代交叠模型考察人口老龄化、养老保险支付制度以及经济增长之间的联系。该模型假定个人存活三个时期（少年、成年和老年），成年人参加工作获得工资收入，同时需要缴纳养老保险统筹费，企业将劳动投入视为固定，工资由劳动边际生产率决定，政府保持财政预算平衡，考虑产品市场保持均衡，但不考虑劳动市场均衡。他发现如果老年人存活概率提高，会降低经济增长率；如果保持替代率不变，则需要提高养老保险统筹缴费费率。周心怡等（2020）构建了一个包含"统账结合"的跨期迭代模型，同样证实如果要维持59.2%的目标养老金替代率，则在法定退休年龄不变的情况下，企业基本养老保险费缴费率需从当前22%的缴费水平提升至47%，但如若从2020年开始执行延迟退休计划，则在2020~2100年企业养老保险平均缴费费率基本可维持在29%。康传坤和楚天舒（2014）基于社会福利最大化视角，构建了一个两期世代交叠模型，研究人口老龄化与养老保险最优统筹缴费费率的关系。他们的模型同样包括了个人、企业与政府三个方面，其行为和决策特征考虑储蓄和产品市场均衡，同样不考虑劳动市场均衡。经过他们的测算，能够带来社会福利最大化的最优养老保险统筹费率为 10.22% ~ 19.04%。张迎斌等（2013）根据世代交叠模型考察人口老龄化对养老保险替代率的影响，发现老年人存活概率越高，最优的养老保险替代率就越低。林山君和孙祁祥（2015）基于类似的世代交叠模型研究在人口老龄化与现收现付制下，我国经济是否有可能陷入发展水平停滞不前的"中等收入陷阱"。他们的研究发现如果继续保持现收现付制度，那么随着人口老龄化程度的提高，人均产出将会加速下降。靳文惠（2018）的研究指出预期寿命对基本养老保险统筹账户的影响日益凸显，必须考虑借助企业和市场的力量积极应对人口老龄化的冲击。

二是人口老龄化对储蓄率的影响研究。近年来，随着我国社会人口老龄化程度的逐步提升，研究者开始关注人口老龄化对我国居民储蓄水平的影响。生命周期理论认为，老年人没有工资收入，以消费为主，因此人口老龄化会减少居民储蓄率。刘永平和陆铭（2008）将家庭养儿防老的机制纳入世代交叠模型中，将模型拓展为一个三期（每个个体存活三期：少年、成年和老年）的世代交叠模型。他的模型结论表明，老龄化程度的提高降低了储蓄率，其降低的原因在于由于生育控制，老年人只能通过加大对后代的教育投资为自己养老做准备，这就造成了储蓄率的下降。而蒋云赟（2009）利用 Alan 的代际核算体系分析人口结构变动与国民储蓄率关系时则指出国民储蓄率与少儿抚养比呈负相关，而与老年人抚养比却有着正相关关系，但总体而言人口结构变动对储蓄率影响不是很大。汪伟（2009）考察了 1989 ~ 2006 年的全国省级面板数据，发现老年抚养系数的升高导致地区储蓄率的提高，但是人均收入增长率与老年人抚养比的交互项显著为负。他认为这是由于老年人预期寿命增加，而 60 岁退休尚早，因此老年人为了维持未来一定的生活水准，从而进行预防性储蓄。而显著为负的交互项系数则说明在较高收入水平时，老年人的预防性储蓄动机被削弱了。史晓丹（2013）利用三期世代交叠模型及2006～2011年分省份面板数据分析人口老龄化与储蓄率关系，发现老年抚养比与储蓄率有显著负相关关系，我国应通过提高劳动参与率以缓解人口老龄化对其的负面影响。随后赵昕东等（2017）、杨志媛和盖骁敏（2020）的研究也证实了此观点。陈彦斌等（2014）对今后20年的中国居民储蓄率进行预测，结果显示人口老龄化对居民储蓄率的影响取决于老龄化持续的时间，在2025年前人口老龄化虽然可以拉低居民储蓄水平，但是增长的国民收入将会抵消其下降幅度；2025年后，人口老龄化因素逐渐占主导地位，将对居民储蓄率产生更为显著的负向效应。汪伟和艾春荣（2015）指出，从2000年起，我国社会的老龄化程度不断加强，与此同时储蓄率也在上升，与生命周期理论的预期不符。根据他们的研究，储蓄率上升的原因之一是老年人寿命的延长导致老年人相对以前年份具有更高的预防性储蓄动机。但他们也指出，当老年人比重持续上升时，人口老龄化程度将会加速，储蓄率最终将逐步下降。胡翠和许召元（2014）构建的理论模型显示，人口老龄化影响储蓄的方向取决于老龄人口比重变动导致的家庭收入变化方向。利用中国家庭收入分配数据（CHIP）的微观数据，实证检验人口老龄化对居民储蓄率的影响，研究发现家庭的老龄人口上升减少了农村家庭的储蓄率，但增加了城镇家庭的储蓄率。他们推测其中原因可能在于城镇养老保险制度为城镇家庭提供了更多的保障，使老年人退休后仍获得比较稳定的收入；而农村家庭缺乏养老保险，只能依靠家庭自有资金。

三是其他方面的研究。刘穷志和何奇（2012）利用两期的世代交叠模型研究人口老龄化、经济增长以及财政政策之间的联系，发现政府均衡的财政政策受到人口老龄化与经济增长之间关系的影响，如果人口老龄化促进经济增长，政府宜采取提升人力资本质量的财政政策；如果人口老龄化削弱经济增长，则政府宜采用低税率并扩大教育支出的财政政策。类似地，吴俊培和赵斌（2015）利用世代交叠模型探究人口老龄化、政府公共人力资本投资与经济增长的内在关联，发现公共人力资本投资的相对结构与规模是老龄化对经济增长影响的主要途径，且公共人力资本投资的规模与经济增长呈倒"U"型关系，在当前老龄化环境下，政府需加大公共物质资本投资与公共教育支出，而降低公共人力资本投资占比，鼓励社会私人投资。龚锋和余锦亮（2015）研究人口老龄化对财政可持续性的影响，他们指出人口老龄化使财政得到的所得税收入减少了，不利于财政可持续性；但是如果老年人消费需求较大，消费支出较多，以至于从老年人消费的商品中征收的商品税收入超过减少的所得税收入，此时人口老龄化将有利于财政的可持续性。刘建国和孙勤英（2019）的研究则指出人口老龄化不利于地方财政可持续的发展，老龄化程度的加深会通过劳动参与率、老年人负担和消费需求三个路径影响地方财政可持续性，实行弹性退休制度、积极开发老年消费市场和实行多层次养老体制等举措将有利于减轻人口老龄化下政府财政负担，增进地方财政可持续性。

2.3.2 劳动力流动研究

我国的劳动力流动现象一直引起众多研究者的关注，本部分只选取与本书主题相关的文献进行讨论。关于导致我国劳动力从西向东流动的原因，范剑勇等（2004）认为，引起中西部劳动力流动到东部地区的主要动力是产业集聚，东南沿海地区的产业吸引了大量中西部地区劳动者，而由此进一步生成的聚集效应则引起劳动力越来越多地流向东南沿海地区。其他学者的类似研究也证实，产业集聚带来的就业机会是劳动力流动的主要拉力（杨云彦等，2003；敖荣军，2005；易苗和周申，2014；臧新和赵炯，2016）。李实和王亚柯

（2005）对1995年和2002年的全国城镇住户调查数据的分析显示，东部地区和西部地区间的企业职工收入出现了相当大的差距，高技术人员的收入水平地区间有扩大的趋势。谢露露（2015）将2005～2007年工业企业数据加总为地级市层面的行业面板数据，实证检验制造业集聚是否造成工资溢价，结果显示产业集聚不但对本地工资具有显著正向作用，而且也提升了相邻地区的工资水平。邢春冰等（2013）指出劳动力愿意流向教育回报率高的地区，他们根据Mincer方程测算了全国各个省份的教育回报率，发现东部地区的教育回报率明显高于中西部地区。彭国华（2015）的理论分析显示，在产品和劳动力自由流动时，地区间的工资差异决定了劳动力流动，低技术水平地区的高技能劳动力将迁移到高技术水平的地区。张世伟和林书宇（2021）采用2015年中国流动人口动态监测调查数据，应用结构式劳动力流动方程解释东北地区劳动力的大量流动，研究发现地区间预期收入差距对东北劳动力的流出具有显著的预测作用，东部地区绝对收入和相对收入的改善及就业机会的增加，引起了东北地区劳动力大量流入东部地区。因此，综合以上研究结论，我国劳动力流动的主要动力实际上来自于地区间的工资差距，东部地区能够吸引到中西部地区的劳动力，主要凭借较高的工资溢价。

我国劳动力的跨地区流动引发了很多经济后果。郝大明（2015）计算了1978～2014年我国的劳动配置效应，发现劳动力流动对我国经济增长的贡献率为26.6%，是经济增长的重要推动力，但是2025年以后劳动配置效应将逐渐下降甚至可能为负。张莉娜和吕详伟（2020）利用2007～2017年268个地级及以上城市数据，基于中国式财政分权的视角探讨劳动力流动与区域经济增长的关系，研究指出劳动力流动促进了区域经济增长，随着财政分权的提升，劳动力流动对经济增长将呈现出倒"U"型关系。袁志刚（2006）采用1995年1%人口抽样调查以及2000年人口普查的微观数据，分析劳动力流动对城镇失业率的影响，发现并没有充分的统计证据表明劳动力会造成本地失业率上升。刘学军和赵耀辉（2009）使用 2005 年 1% 人口抽样调查的微观数据考察劳动力流动对当地人员就业率和工资的影响，发现外来劳动者的进入对本地区就业影响微弱，但对当地工资的影响较大，教育水平低的当地劳动者受到的影响更大一些。张文武和梁琦（2011）发现人力资本集中度对地区收入水平具有显著正向作用，由于人力资本的地区分布不平衡，导致了地区收入不平衡。但是随着劳动力自由流动的趋势增强，这种地区不平衡状况是否得到改善或者恶化也是研究者关注的问题。许召元和李善同（2008）构建了一个包含资本和劳动的两区域经济增长模型，研究显示劳动力流动对区域经济差异的影响取决于资本和劳动力流入的外部性效应以及过度集中可能出现的拥挤效应，如果外部性效应大于拥挤效应，则劳动力流动会扩大地区差异，反之则会缩小地区差异。王婷等（2020）的研究则指出，区域间劳动力流动有助于提升劳动力配置效率红利，促进全要素生产率增长，合理引导区域间劳动力流动将有利于实现经济高质量发展。

随着第一代迁移劳动力年龄逐渐增大，劳动力回流现象开始出现，劳动力流动模式从单向流动逐渐转化为外出与回流并存的双向流动。章铮（2006）分析了影响外来劳动者定居或者回流的影响因素，他指出工作地区的房价以及工作稳定性影响外来劳动者的定居决策，劳动密集型行业的外来劳动者不易留在当地，而技术水平较高的劳动者有较大可能性留下。张吉鹏等（2020）的研究也发现外来人口在住房禀赋差异所带来的生活成本及在教育、就业等方面的城市落户门槛将是引起劳动力回流的重要因素，对低技能、跨省流动、农村户籍和健康较差群体有显著影响，而对于高技能群体的回流决策并没有显著影响。张宗益等（2007）根据重庆调查数据实证分析农村外来劳动者回流的原因，他们发现性别、婚姻、照顾家庭等因素对回流决策具有显著影响，女性劳

动者、结婚的劳动者以及家里有老人小孩需要照顾都会显著增加劳动者回流的
概率。随后其他学者也证实，除去经济因素、落户门槛等因素，回乡照料家
人、结婚及抚养孩子等个人因素都是劳动力回流的重要原因（韩淑娟和马瑜，
2013；张吉鹏等，2020）。石智雷和杨云彦（2009）对湖北省女性农民工的调
查研究显示，在金融危机冲击下，低技能的女性农民工更有可能因失去工作而
被迫返乡。伍振军等（2011）则认为外来劳动者回流是基于最基本的经济原
理：人力资本的回报率，他根据中西部地区 70 个县的调查数据分析表明在返
乡后同样职业获得的回报率比打工时更高。王子成和赵忠（2013）利用中国
城乡劳动力流动调查数据考察农村劳动力的迁移模式，他们同样发现女性、已
婚者、家庭需要照顾者回流的可能性更大，此外，年龄越大回流的概率也
越高。

2.4　本章小结

综合以上文献可以发现，社会保险成本、劳动市场的就业与工资水平以
及社会保障体系支付状况之间存在相互作用互为因果的复杂联系。但现有的
国内研究大多从宏观层面考察社会保险费率或支付制度与宏观经济变量（如
储蓄、经济增长、失业等）的相互联系，尚缺乏从微观层面考察社会保险经
济影响的研究。现有国内文献中理论建模的重点在于居民个体的行为决策，
并没有对企业的最优化决策给予充分重视。现有国内外文献也很少考虑企业
社保成本对企业投资与绩效的影响，而企业投资水平高低以及绩效好坏，是
关系到实体经济长期可持续发展的关键因素。现有的文献普遍关注我国劳动

者工资收入的地区差距，也指出地区工资差距造成劳动力从中西部地区向东南部地区集聚，但忽略了由劳动力流动所引起的人口结构变动在社保成本地区差距形成过程中的地位和作用。本书的研究试图在以上方面做出实质贡献，弥补现有研究的不足，增进我们对于社会保险与经济发展之间复杂机制的理解。

第3章　理论分析：一个概念性框架

企业社会保险成本、企业发展、地区差异、人口结构变动间存在复杂的跨期相互作用关系，为了厘清其中的作用机理，本书从企业层面出发，在局部均衡模型的基础上，尝试通过构建一个基于两期世代交叠模型的概念性框架，从模型推导演绎中阐述研究主题间的内在复杂逻辑关系，完成理论的分析与检验假设的提出。需要特别说明的是，在模型的构建中，本书根据"奥卡姆剃刀原理"舍去了很多与本书主题关联度不大的实际经济变量及约束条件。

3.1　企业局部均衡模型

3.1.1　企业最优化问题

现在考虑一个静态的企业投资模型[①]：

[①]　本书的研究主题并不需要专门考察企业投资动态变化，为了简单起见，此处只考虑静态模型。值得指出的是，从动态模型得到的结论与从静态模型得到的结论是一致的。

$$\max_{I^i, A^i} \pi^i = \max_{I^i, A^i} \{ f(I^i, A^i) - C(I^i) - A^i w^i (1 + \tau^i) \} \tag{3-1}$$

其中，π^i 表示地区 i 企业的收益函数。企业面临的决策问题是选择最优的投资 I^i 和劳动投入 A^i 实现收益最大化。由于工资需要在劳动市场上决定，因此，这里暂时视工资为既定的。$f(I^i, A^i)$ 表示产出函数，设为如下柯布—道格拉斯函数形式：

$$f(I^i, A^i) = Z^i \widetilde{\theta}^i (I^i)^\alpha (A^i)^{1-\alpha} \tag{3-2}$$

$C(I^i)$ 表示投资调整成本函数，根据现有文献惯例（Cooper 和 Haltiwanger，2006），设为二次调整成本函数形式：

$$C(I^i) = I^i + \frac{\mu}{2}(I^i)^2 \tag{3-3}$$

在上面三式中，α 和 μ 表示模型参数，α 表示资本在总产出中所占份额，μ 表示资本调整成本；Z 表示全要素生产率，为了考虑人力资本异质性，本书将 Z 函数化为 $Z^i \widetilde{\theta}^i$。Z^i 表示全要素生产率的基础部分，且 Z^H 总是大于 Z^L，$\widetilde{\theta}^i$ 表示地区 i 的劳动者（年轻人）人力资本质量平均值；K 和 A 分别表示企业的资本和劳动投入，w^i 表示地区 i 的工资水平；τ^i 表示工资税率（τ^H 和 τ^L 分别表示两个地区的工资税率），可以视为社会保险费率①。

3.1.2　企业最优投资与劳动需求

假设存在内点解，那么对式（3-1）求解 I 和 A 的一阶条件，就得到最优的投资和劳动需求：

$$I^i = \frac{\alpha (Z^i \widetilde{\theta}^i)^{\frac{1}{\alpha}} \left[\frac{(1-\alpha)}{w^i(1+\tau^i)} \right]^{\frac{1-\alpha}{\alpha}}}{\mu} - \frac{1}{\mu} \tag{3-4}$$

———————————

① 因为社会保险费通常是以工资为基数征收的。

$$A^i = \left[\frac{Z^i \widetilde{\theta}^i (1 - \alpha)}{w^i (1 + \tau^i)} \right]^{\frac{1}{\alpha}} I^i \qquad (3-5)$$

从式（3-4）、式（3-5）可以看到，企业投资和劳动需求的地区差异，归根结底取决于其工资、社会保险费用以及包含人力资本质量的全要素生产率的地区差异。

对 I^i、A^i 以及 π^i 求 τ^i 的导数，可得：

$$\frac{dI^i}{d\tau^i} < 0; \ \frac{dA^i}{d\tau^i} < 0$$

$$\frac{d\pi^i}{d\tau^i} = \frac{df(I^i, A^i)}{dI^i} \frac{dI^i}{d\tau^i} + \frac{df(I^i, A^i)}{dA^i} \frac{dA^i}{d\tau^i} - \frac{dC(I^i)}{dI^i} \frac{dI^i}{d\tau^i} - A^i w^i - \frac{dA^i}{d\tau^i} w^i (1 + \tau^i)$$

$$(3-6)$$

从式（3-6）可以看到，当企业社会保险缴费 τ^i 提高时，其投资和劳动需求均会下降。社会保险费成本对企业利润并没有单调影响，$\frac{d\pi^i}{d\tau^i}$、$\frac{df(I^i, A^i)}{dI^i}$ $\frac{dI^i}{d\tau^i}$、$\frac{df(I^i, A^i)}{dA^i} \frac{dA^i}{d\tau^i}$ 以及 $-A^i w^i$ 为负数，但是 $-\frac{dC(I^i)}{dI^i} \frac{dI^i}{d\tau^i}$ 与 $-\frac{dA^i}{d\tau^i} w^i (1 + \tau^i)$ 为正数。社会保险成本上升一方面降低投资和劳动投入，产出减少，从而使企业利润下降；另一方面也使企业因资本和劳动投入减少，减少了要素成本，对企业利润有正向效应。社会保险成本的利润效应是负向还是正向，取决于产出减少的效应是否大于要素成本节省的效应。

3.2　两期世代交叠模型

上一部分所研究的问题属于局部均衡问题，假定了社会保险费率是外生给定的，且企业工资和地区人力资本平均质量不变。本部分将考察均衡的社会保险费率是如何决定的。本部分将引入简单的两期世代交叠模型，模型中将考虑两个不同生产率水平的地区，人口的跨地区流动导致地区劳动市场供给、人口结构以及政府财政支付状况发生变化，由此影响到均衡的社会保险费率。

3.2.1　模型基本设定

假设一个简单的世代交叠模型，包含个人、企业和地区。为了突出需要说明的问题，简化不必要的复杂因素，这里假设个人赚取工资后当期全部消费掉，没有储蓄；也不考虑产品市场，企业的产出总是当期全部被吸收。

在每一期都存在两类人：年轻人和老年人，年轻人到了下一期变成老年人，老年人只存活一期。年轻人需要面临的决策问题是在哪个地区工作，其选择依据是地区的工资水平以及迁移成本。老年人面临的决策是在哪个地区养老，其选择依据是地区养老收益以及成本。根据我国现实制度状况，假设没有迁移的老年人留在本地养老，迁移的老年人如果留在工作地养老需要付出一定的成本①，而回到出生地养老则没有这个成本。

存在两个地区：H 地区和 L 地区。在每一个地区，都存在一个代表性企业，假设 H 地区的企业全要素生产率高于 L 地区的企业，除此之外，两个企业在生产技术和要素投入等方面一切都相同。每个地区都存在一个地方政府，地方政府的财政收入来源于企业的利润所得税以及缴纳的工资税（即社会保险费用），地方政府同时需要担负老年人的社会保障费用以及失业者的失业保险。假设两个地区社会保障政策都相同，因此人均社会保障支出也相同。在这里，假设年轻人不需要社会保障，只有老年人才需要包括养老保险和医疗保险在内的各种社会保障。

---

①　也可视为迁移的老年人留在当地养老所支付成本与回流到出生地养老所支付成本之差，即净成本。

3.2.2 人口结构问题

设两个地区的初始人口数相同，都为 N_0，设年轻人才有生育能力，平均每个年轻人繁衍后代 n 人。假设年轻人基数不低于两个地区企业劳动需求总和，因此，不存在过度就业的状态。

在 0 期时，两个地区的年轻人初始人数都是 N_0，假设年轻人存在人力资本异质性，其初期的人力资本质量分布在两个地区都一样为均匀分布 $F_0(\theta) = \frac{\theta - \underline{\theta}_0}{\overline{\theta}_0 - \underline{\theta}_0} N_0$，其中，$\theta$ 表示人力资本质量，$\overline{\theta}_0$ 和 $\underline{\theta}_0$ 分别表示 0 期时的人力资本质量上下限。为避免模型不必要的复杂化，假定 1 期（以及其后各期）的年轻人人力资本质量分布函数也都是均匀分布函数，但每期的人力资本质量参数上下限可能存在差异。

地区 H 的年轻人工作地点决策具有如下函数形式：$\begin{cases} 0 \text{ if } w^H + M(\theta) < w^L \\ 1 \text{ if } w^H + M(\theta) \geqslant w^L \end{cases}$；

地区 L 的年轻人工作地点决策有如下函数形式：$\begin{cases} 0 \text{ if } w^L + M(\theta) < w^H \\ 1 \text{ if } w^L + M(\theta) \geqslant w^H \end{cases}$。其中，

0 表示留在本地区工作，1 表示迁移到另一个地区工作。w^H 和 w^L 分别表示年轻人能够从 H 地区和 L 地区获得的工资，假设两个地区的劳动市场都是完全竞争的，因此不同人力资本质量的年轻人面对相同的地区工资水平。$M(\theta)$ 表示人口迁移的平均成本，是人力资本质量参数 θ 的单调递减函数，当人力资本质量 θ 越低时，迁移的成本也越大。当年轻人认为迁移收益足够大（外地工资超过迁移成本加上本地工资），就选择流动到外地工作；当年轻人认为迁移收益不足以抵补迁移成本以及放弃的本地工资，则选择留在本地。邢春冰等（2013）以及彭国华（2015）的研究都发现，教育水平或技术水平比较高的劳

动者更容易流动，本书模型此处的设定符合我国劳动力流动的现实情况。需要特别指出的是，笔者认为高质量人力资本并不一定能够通过教育水平或迁移时拥有的技术能力体现出来，高质量人力资本还包括很多不可观测的要素，如劳动者的进取精神、冒险精神、学习能力、创新能力、企业家才能以及捕捉机会的能力等。因此即使某些劳动者在迁移时教育水平很低，也没有拥有技术能力，但是综合衡量仍可能具备较高的人力资本质量。

根据以上模型设定，在 0 期时，选择留在本地 H 地区工作的年轻人数量为 F_0 (θ^H)，选择前往 L 地区工作的年轻人数量为 $N_0 - F_0$ (θ^H)。其中 $\theta^H = M^{-1}$ ($w^L - w^H$)，当年轻人的 θ 大于 θ^H 时，选择前往 L 地区工作；当年轻人的 θ 小于 θ^H 时，选择留在本地工作。同样地，选择留在本地 L 地区工作的年轻人数量为 F_0 (θ^L)，选择前往 H 地区工作的年轻人数量为 $N_0 - F_0$ (θ^L)。其中 $\theta^L = M^{-1}$ ($w^H - w^L$)，当年轻人的 θ 大于 θ^L 时，选择前往 L 地区工作；当年轻人的 θ 小于 θ^L 时，选择留在本地工作。从以上可以看到，高质量的年轻人享有更多的迁移自由，而且如果 L 地区工资低于 H 地区工资，则 H 地区的年轻人将留在本地区工作，当两地工资差距 $w^H - w^L$ 越大时，L 地区的年轻人迁移到 H 地区的数量也越多。此外，从 $\theta^L = M^{-1}$ ($w^H - w^L$) 可知，只要地区工资差异不变，往后各期的人力资本质量阈值水平也不变。

假设迁移的老人留在工作地养老的收益为 R^H，成本为 C，回出生地养老的收益为 R^L。因此，当 $R^H - C < R^L$ 时，迁移老人选择回出生地养老；而当 $R^H - C \geq R^L$ 时，迁移老人选择留在工作地养老。如果迁移老人选择回出生地养老，其后代（年轻人）也随之回流，然后再次选择工作地点。

3.2.3　政府财政问题

假定地方政府不需要担负除了社会保障之外其他方面的社会职能，因此也不需要征收除了工资税之外的其他税收。地方政府面临的财政决策是设定适当的工资税率以保障本地区老年人的生活，其决策行为遵从如下预算约束关系：

$$w_t^i \tau_t^i A_t^i = q_t^i S_t^i R \qquad\qquad (3-7)$$

其中，$w_t^i \tau_t^i A_t^i$ 表示政府从企业收到的社会保险税，$q_t^i S_t^i R$ 表示政府需要支付的老年人社会保障利益，假定人均社会保障收益为 R，S_t^i 表示地区 i 的 t 期总人口数量（年轻人和老年人数量总和），q_t^i 表示该地区 t 期老年人占比。从式（3-7）可以看到，当老年人比重上升时，如果其他条件没有发生变化，为维持财政收支平衡，政府将会上调社会保险费率τ_t^i。

3.2.4 世代交叠模型的均衡条件

在本书的模型中，劳动供给的总量是由外生人口增长率决定的，但由于存在劳动者跨地区流动，因此两个地区的劳动供给每期都会发生变化。根据本书的模型设定可知，劳动力流动受到地区工资差异的影响，地区工资水平决定了地区劳动供给水平。而地区的劳动需求量则由企业决定，企业的最优劳动需求量显然与工资以及基于工资的社会保险费相联系。均衡的地区工资和社会保险费率应该能够使地区劳动供给与地区企业的劳动需求量相等，即有如下劳动市场均衡条件：

3.2.4.1 劳动市场均衡

劳动市场均衡要求两个地区劳动市场供给和需求保持平衡，即下面两式同时成立：

$$N_t^H + N_t^L - F_t(\theta_t^L) = A_t^H(w_t^H, \tau_t^H) \qquad\qquad (3-8)$$

$$F_t(\theta_t^L) = A_t^L(w_t^L, \tau_t^L) \qquad\qquad (3-9)$$

式（3-8）为 H 地区的劳动市场均衡条件，即 H 地区本地年轻人加上从 L 地区流入而来的年轻人总数应该等于 H 地区企业的劳动需要量；式（3-9）

为 L 地区的劳动市场均衡条件，即留在 L 地区的年轻人数量应该等于 L 地区企业的劳动需要量。

3.2.4.2 模型均衡条件

本书的世代交叠模型均衡条件要求每期的投资 I_t^H 和 I_t^L、工资 w_t^H 和 w_t^L、社会保险费率 τ_t^H 和 τ_t^L、就业 A_t^H 和 A_t^L 以及人口结构（老年人比重） q_t^H 和 q_t^L，能够使企业最优决策解式（3-1）、政府预算约束式（3-7）以及劳动市场均衡式（3-8）和式（3-9）同时成立。

3.3　世代交叠模型分析

3.3.1　人口结构的动态变化

根据模型设定，地区间的工资差异影响人力资本质量阈值水平，进而影响该地区年轻人的迁移决策。为简单起见，我们统一假定初始工资 $w^H \geqslant w^L$，即一开始 H 地区的工资水平要高于 L 地区。实际上只要假定两个地区全要素生产率水平存在差异，工资必然存在差异，因此模型假定 H 地区的全要素生产率高于 L 地区，其实已经隐含了 H 地区具有相对较高的工资水平。由于劳动力回流的决策存在很多复杂因素（根据现有文献，涉及回流决策的有房价、年龄、性别、技术能力、职业特征、婚姻、家庭事务以及人力资本回报等）（章铮，2006；张宗益等，2007；石智雷和杨云彦，2009；伍振军等，2011；高波等，2012；王子成和赵忠，2013），目前还存在诸多争议，因此本部分避开对回流决策的具体模型化，而是以简化的方式处理模型中的回流问题。具体而言，本部分将分如下两种情况进行讨论。

第一种情况，考虑且 $R^H - C < R^L$ 时的情形：

Ⅰ. 由模型设定可知，当 $w^H \geq w^L$ 时，0 期时 H 地区的年轻人数量为 $N_0 + N_0 - F_0(\theta^L)$，L 地区的年轻人数量为 $F_0(\theta^L)$。

Ⅱ. 由于 $R^H - C < R^L$，因此迁移的老年人选择回 L 地区养老，根据模型设定，其后代年轻人也一起回去。这样，1 期时期初 L 地区的年轻人总数为 $N_1 = N_0 n$，其中选择留在本地区的年轻人数量为 $F_1(\theta_1^L)$，选择前往 H 地区工作的年轻人数量为 $N_1 - F_1(\theta_1^L)$。其中 $\theta_1^L = M^{-1}(w_1^H - w_1^L)$。由于老年人的回迁，1 期时 L 地区老年人总数为 N_0。由此可知，1 期时 L 地区的老年人在总人口中所占比重为 $N_0 / (N_0 + F_1(\theta_1^L))$。

Ⅲ. 1 期时 H 地区的年轻人数量为 $N_1 + N_1 - F_1(\theta_1^L)$，老年人数量为 N_0，H 地区老年人在总人口中所占比重为 $N_0 / (N_0 + N_1 + N_1 - F_1(\theta_1^L))$。

Ⅳ. 以此类推，t 期时 L 地区老年人比重 $q_t^L = N_{t-1} / (N_{t-1} + F_t(\theta_t^L))$，H 地区老年人比重 $q_t^H = N_{t-1} / (N_{t-1} + 2N_t - F_t(\theta_t^L))$。

因此，可见 L 地区老年人比重大于 H 地区的老年人比重，而且随着这两地区工资差异 $w_t^H - w_t^L$ 的进一步扩大，根据 $\theta_t^L = M^{-1}(w_t^H - w_t^L)$ 的关系，劳动力流动的人力资本阈值水平 θ_t^L 进一步下降，L 地区留在本地的年轻人数量 $F_t(\theta_t^L)$ 进一步减少，最终导致 L 地区老年人比重进一步上升，H 地区老年人比重进一步下降。

第二种情况，考虑 $R^H - C \geq R^L$ 时的情形：

Ⅰ. 由于留在 H 地区养老的净收益大于回到出生地养老，从 L 地区迁移过来的老人选择留在当地。1 期时 L 地区期初年轻人数量为 $N_1^L = F_0^L(\theta_0^L)n$，其中选择留在本地的年轻人总数为 $F_1^L(\theta_1^L)$，选择迁移到 H 地区的年轻人总数为 $N_1^L - F_1^L(\theta_1^L)$，其中 $\theta_1^L = M^{-1}(w_1^H - w_1^L)$。由于没有老年人回迁，1 期时 L 地区老年人总数为 0 期留在本地的年轻人数量 $F_0^L(\theta_0^L)$。由此可得 1 期时 L 地区的老年人比重为 $F_0^L(\theta_0^L)/(F_0^L(\theta_0^L)+F_1^L(\theta_1^L))$。

Ⅱ. 1 期时 H 地区年轻人数量为 $N_1^H = (2N_0 - F_0(\theta_0^L))n + N_1^L - F_1^L(\theta_1^L)$，其中本地区出生的年轻人总数为 $(2N_0 - F_0(\theta_0^L))n$，从 L 地区迁移过来的年轻人数量为 $N_1^L - F_1^L(\theta_1^L)$。因此可得 1 期时 H 地区的老年人比重为 $(2N_0 - F_0(\theta_0^L))/((2N_0 - F_0(\theta_0^L))(1+n) + N_1^L - F_1^L(\theta_1^L))$。

Ⅲ. 以此类推，可知 t 期时 L 地区的老年人比重为 $q_t^L = F_{t-1}^L(\theta_{t-1}^L)/(F_{t-1}^L(\theta_{t-1}^L)+F_t^L(\theta_t^L))$，H 地区老年人比重为 $q_t^H = (N_{t-1}^H + N_{t-1}^L - F_{t-1}^L(\theta_{t-1}^L))/((N_{t-1}^H + N_{t-1}^L - F_{t-1}^L(\theta_{t-1}^L))(1+n) + N_t^L - F_t^L(\theta_t^L))$

其中，两地区期初年轻人数量分别是：$N_t^L = nF_{t-1}^L(\theta_{t-1}^L)$ 和 $N_t^H = (N_{t-1}^H + N_{t-1}^L - F_{t-1}^L(\theta_{t-1}^L))n$。

可将以上两式分别化简为：

$$q_t^L = \frac{1}{1 + \dfrac{F_t^L(\theta_t^L)}{F_{t-1}^L(\theta_{t-1}^L)}} \tag{3-10}$$

$$q_t^H = \frac{1}{1 + n + \dfrac{N_t^L - F_t^L(\theta_t^L)}{N_{t-1}^H + N_{t-1}^L - F_{t-1}^L(\theta_{t-1}^L)}} \tag{3-11}$$

Ⅳ. 由上可知，当 $\dfrac{F_t^L(\theta_t^L)}{F_{t-1}^L(\theta_{t-1}^L)} < n + \dfrac{N_t^L - F_t^L(\theta_t^L)}{N_{t-1}^H + N_{t-1}^L - F_{t-1}^L(\theta_{t-1}^L)}$ 时，L 地区的老年人比重超过 H 地区。对该不等式移项化简后得到下式：

$$-n(F_{t-1}^L(\theta_{t-1}^L))^2 + bF_{t-1}^L(\theta_{t-1}^L) - cF_t^L(\theta_t^L) > 0 \tag{3-12}$$

其中，$b = N_{t-1}^H n + N_{t-1}^L n + N_t^L$，$c = N_{t-1}^H + N_{t-1}^L$。由此可知，当：

$$F_t^L(\theta_t^L) < \frac{-n(F_{t-1}^L(\theta_{t-1}^L))^2 + bF_{t-1}^L(\theta_{t-1}^L)}{c} \tag{3-13}$$

t 期时 L 地区老年人比重高于 H 地区。也就是说，给定 t - 1 期的迁移率时

（即给定 $F_{t-1}^L(\theta_{t-1}^L)$），如果 t 期有足够多的 L 地区年轻人迁移到 H 地区（表现为较低的 θ_t^L），即使 L 地区 t－1 期迁移的老年人没有回流，L 地区的老年人比重也将高于 H 地区。但是如果 L 地区年轻人迁移的比重不大（表现为较高的 θ_t^L），则 L 地区的老年人比重将低于 H 地区。

Ⅴ. 现在考虑 θ_t^L 变化对 L 地区和 H 地区老年人比重的影响。从式（3－10）和式（3－11）可知，给定 θ_{t-1}^L 不变的条件下，当 θ_t^L 下降（即 t 期两地区工资差距扩大）时，L 地区的老年人比重将会提高，而 H 地区老年人比重也将上升。

3.3.2 均衡工资与社会保险费率的决定

根据劳动市场均衡条件式（3－8）和式（3－9）和企业最优投资与劳动需求式（3－5）可以得到保持两个地区劳动市场供需均衡的工资条件：

$$N_t^H + N_t^L - F_t(\theta_t^L) = A_t^H(w_t^H, \tau_t^H) = \left[\frac{Z^H \tilde{\theta}_t^H (1-\alpha)}{w_t^H(1+\tau_t^H)}\right]^{\frac{1}{\alpha}} \frac{1}{\mu} \alpha (Z^H \tilde{\theta}_t^H)^{\frac{1}{\alpha}}$$

$$\left[\frac{(1-\alpha)}{w_t^H(1+\tau_t^H)}\right]^{\frac{1-\alpha}{\alpha}} \tag{3-14}$$

$$F_t(\theta_t^L) = A_t^L(w_t^L, \tau_t^L) = \left[\frac{Z^L \tilde{\theta}_t^L (1-\alpha)}{w_t^L(1+\tau_t^L)}\right]^{\frac{1}{\alpha}} \frac{1}{\mu} \alpha (Z^L \tilde{\theta}_t^L)^{\frac{1}{\alpha}} \left[\frac{(1-\alpha)}{w_t^L(1+\tau_t^L)}\right]^{\frac{1-\alpha}{\alpha}}$$

$$\tag{3-15}$$

同时，由政府预算约束等式得到如下两式：

$$w_t^H \tau_t^H A_t^H = q_t^H S_t^H R \tag{3-16}$$

$$w_t^L \tau_t^L A_t^L = q_t^L S_t^L R \tag{3-17}$$

由于 $\theta^L = M^{-1}(w^H - w^L)$，同时在政府预算约束等式中 A_t^i 为 w_t^i 和 τ_t^i 的函数，q_t^i 则为 w_t^H 和 w_t^L 的函数，因此式（3－14）至式（3－17）形成一个包含

四个未知量（w_t^H、w_t^L、τ_t^H、τ_t^H）以及四个等式的方程组。

具体而言，两地区均衡工资与社会保险费率需要求解如下方程组而得到：

$$I_t^H = \frac{\alpha\,(Z^H\,\widetilde{\theta}_t^H)^{\frac{1}{\alpha}}\left[\dfrac{(1-\alpha)}{w_t^H(1+\tau_t^H)}\right]^{\frac{1-\alpha}{\alpha}}}{\mu} - \frac{1}{\mu} \qquad （最优投资）$$

$$I_t^L = \frac{\alpha\,(Z^L\,\widetilde{\theta}_t^L)^{\frac{1}{\alpha}}\left[\dfrac{(1-\alpha)}{w_t^L(1+\tau_t^L)}\right]^{\frac{1-\alpha}{\alpha}}}{\mu} - \frac{1}{\mu} \qquad （最优投资）$$

$$A_t^H = \left[\frac{Z^H\,\widetilde{\theta}_t^H(1-\alpha)}{w_t^H(1+\tau_t^H)}\right]^{\frac{1}{\alpha}}I_t^H \qquad （最优劳动需求）$$

$$A_t^L = \left[\frac{Z^L\,\widetilde{\theta}_t^L(1-\alpha)}{w_t^L(1+\tau_t^L)}\right]^{\frac{1}{\alpha}}I_t^L \qquad （最优劳动需求）$$

$$N_t^H + N_t^L - F_t(\theta_t^L) = A_t^H(w_t^H,\ \tau_t^{II}) \qquad （劳动市场均衡）$$

$$F_t(\theta_t^L) = A_t^L(w_t^L,\ \tau_t^L) \qquad （劳动市场均衡）$$

$$w_t^H\tau_t^H A_t^H = q_t^H S_t^H R \qquad （财政预算平衡）$$

$$w_t^L\tau_t^L A_t^L = q_t^L S_t^L R \qquad （财政预算平衡）$$

其中，我们分别考虑 $w^H \geqslant w^L$ 且 $R^H - C < R^L$ 时的情形以及 $w^H \geqslant w^L$ 且 $R^H - C \geqslant R^L$ 时的情形，即两个地区的老年人比重分别取：

$$q_t^L = \frac{N_{t-1}}{N_{t-1}+F_t(\theta_t^L)} \text{ 或 } q_t^L = \frac{1}{1+\dfrac{F_t^L(\theta_t^L)}{F_{t-1}^L(\theta_{t-1}^L)}}$$

以及

$$q_t^H = \frac{N_{t-1}}{N_{t-1}+2N_t-F_t(\theta_t^L)} \text{ 或 } q_t^H = \frac{1}{1+n+\dfrac{N_t^L-F_t^L(\theta_t^L)}{N_{t-1}^H+N_{t-1}^L-F_{t-1}^L(\theta_{t-1}^L)}}$$

年轻人流动的人力资本质量阈值水平 $\theta_t^L = M^{-1}(w_t^H - w_t^L)$，为了方程组求解，设 $M^{-1}(w_t^H - w_t^L)$ 为一个简单的显式函数形式，即 $\theta_t^L = \dfrac{1}{1 + k(w_t^H - w_t^L)}$，其中，k 表示人口迁移成本参数，k 越小则年轻人越不容易迁移（这时体现为 θ_t^L 值比较高，留在本地的年轻人比较多）。该方程组具有高度的非线性性质，难以得到该方程的解析解，但是我们可以通过数值方法求出该非线性方程组的数值解。获得均衡的工资以及社会保险费率，投资、就业以及人口结构（老年人比重）也随之得到确定。

3.4　世代交叠模型的解

3.4.1　模型数值解

本部分首先将两个地区企业的最优投资和劳动需要表达式分别代入两个地区劳动市场均衡等式以及政府财政预算平衡等式，然后将等式右边移项到左边，形成四个变量四个方程的非线性齐次方程。接着设定目标函数为齐次方程组向量的内积，采取格点搜索法寻找一组使得内积最小（即最接近于 0）的向量 $(w_t^H、w_t^L、\tau_t^H、\tau_t^L)$。在搜索目标函数最小化数值时所附加的约束条件是 w_t^H 和 w_t^L 要大于 0，而 τ_t^H 与 τ_t^L 的取值范围为 0~1。

求解模型数值解时，本书所设定的模型参数值如下：

两个地区人力资本质量 θ 的上限 $\overline{\theta}$ 均设为 1，下限 $\underline{\theta}$ 均设为 0；初始时两地区的年轻人总数 N_0^H 和 N_0^L 均标准化为 1，人口增长率 n 也设为 1；两个地区老年人退休养老获得的社会保障收益 R 设为 0.8，即相当于工资水平的 80%[①]；根据许伟和陈斌开（2009）、康传坤和楚天舒（2014）的设定，将代表资本在总产出中所占份额 α 设定为 0.4；根据 Cooper 和 Haltiwanger（2006）的测算，一般资本调整成本参数 μ 为 0.05。对于两地区全要素生产率 Z^H 和 Z^L、人力资本平均质量 $\tilde{\theta}^H$ 和 $\tilde{\theta}^L$、人口迁移成本参数 k，本书将在下面的比较静态分析中给出具体的数值。

3.4.2　比较静态分析

根据前面对人口结构变动的分析，本部分分 $R^H - C < R^L$ 以及 $R^H - C \geqslant R^L$ 两种情况，既考虑到迁移劳动者回流的情况，也考虑到迁移劳动者留在工作地区的情况。基准的情形是两地区全要素生产率 Z^H 和 Z^L 相同，且人力资本平均质量 $\tilde{\theta}^H$ 和 $\tilde{\theta}^L$ 也相同，人口迁移成本参数 k 为 1。然后分别调整 Z^H 和 Z^L、k 以及 $\tilde{\theta}^H$ 和 $\tilde{\theta}^L$，考察重要的经济环境参数变动后两地区工资差距 $\left(\dfrac{w^H}{w^L}\right)$、社会保险费率差异 $\left(\dfrac{\tau^H}{\tau^L}\right)$ 以及老年人比重 q^H 和 q^L 的具体变化趋势。两种情况下比较静态分析的结果如表 3 – 1 和表 3 – 2 所示。

从表 3 – 1 和表 3 – 2 中可以看到，在基准情形下，两地区均衡的工资和社会保险费率不存在任何差异，而且老年人比重均为 50%，也不存在差异。当 H 地区的全要素生产率 Z^H 逐渐增加时（其他参数保持不变），表 3 – 1 的结果显示 H 地区工资相对 L 地区进一步提高，社会保险费率则相对于 L 地区进一步下降，与此同时，H 地区的老年人比重持续下降（从 0.5 降到 0.3706）。比

---

① 一般认为我国的养老保险金替代率为工资水平的 40% ~ 60%，但本书模型考虑的是全部社会保险所得，如果考虑到其他社会保险利益所得（特别是医疗保险），政府财政实际负担的支出不止 60%，此处将 R 设定为 0.8 比较合适。由于本部分中两个地区的 R 设定值是一样的，因此实际上并不影响模型的结论。

表3-1　模型数值解：$R^H - C < R^L$ 时的情形

	（1）	（2）	（3）	（4）	（5）	（6）	（7）	（8）
	$Z^H=2$	$Z^H=4$	$Z^H=6$	$Z^H=4$	$Z^H=4$	$Z^H=4$	$Z^H=4$	$Z^H=4$
	$Z^L=2$	$Z^L=2$	$Z^L=2$	$Z^L=2$	$Z^L=2$	$Z^L=2$	$Z^L=2$	$Z^L=2$
	$k=1$	$k=1$	$k=1$	$k=2$	$k=3$	$k=4$	$k=2$	$k=2$
	$\tilde{\theta}^H=0.5$	$\tilde{\theta}^H=0.5$	$\tilde{\theta}^H=0.5$	$\tilde{\theta}^H=0.5$	$\tilde{\theta}^H=0.5$	$\tilde{\theta}^H=0.5$	$\tilde{\theta}^H=0.6$	$\tilde{\theta}^H=0.7$
	$\tilde{\theta}^L=0.5$	$\tilde{\theta}^L=0.5$	$\tilde{\theta}^L=0.5$	$\tilde{\theta}^L=0.5$	$\tilde{\theta}^L=0.5$	$\tilde{\theta}^L=0.5$	$\tilde{\theta}^L=0.4$	$\tilde{\theta}^L=0.3$
w^H/w^L	1.0	2.6417	4.5545	2.4937	2.4408	2.4171	4.2182	7.3081
τ^H/τ^L	1.0	0.2942	0.1424	0.2701	0.2610	0.2564	0.1975	0.1567
q^H	0.5	0.3999	0.3706	0.3761	0.3649	0.3583	0.3694	0.3698
q^L	0.5	0.6669	0.7682	0.7457	0.7942	0.8272	0.7733	0.7718

表3-2　模型数值解：$R^H - C \geq R^L$ 时的情形

	（1）	（2）	（3）	（4）	（5）	（6）	（7）	（8）
	$Z^H=2$	$Z^H=4$	$Z^H=6$	$Z^H=4$	$Z^H=4$	$Z^H=4$	$Z^H=4$	$Z^H=4$
	$Z^L=2$	$Z^L=2$	$Z^L=2$	$Z^L=2$	$Z^L=2$	$Z^L=2$	$Z^L=2$	$Z^L=2$
	$k=1$	$k=1$	$k=1$	$k=2$	$k=3$	$k=4$	$k=2$	$k=2$
	$\tilde{\theta}^H=0.5$	$\tilde{\theta}^H=0.5$	$\tilde{\theta}^H=0.5$	$\tilde{\theta}^H=0.5$	$\tilde{\theta}^H=0.5$	$\tilde{\theta}^H=0.5$	$\tilde{\theta}^H=0.6$	$\tilde{\theta}^H=0.7$
	$\tilde{\theta}^L=0.5$	$\tilde{\theta}^L=0.5$	$\tilde{\theta}^L=0.5$	$\tilde{\theta}^L=0.5$	$\tilde{\theta}^L=0.5$	$\tilde{\theta}^L=0.5$	$\tilde{\theta}^L=0.4$	$\tilde{\theta}^L=0.3$
w^H/w^L	1.0	2.2562	3.5433	1.9675	1.814	1.7149	3.2824	5.8882
τ^H/τ^L	1.0	0.4754	0.2607	0.4989	0.5158	0.5282	0.3733	0.2908
q^H	0.5	0.5000	0.5000	0.5000	0.5000	0.5000	0.5000	0.5000
q^L	0.5	0.6421	0.7460	0.7020	0.7383	0.7635	0.7426	0.7504

较静态分析的结果符合理论预期，正确地反映了本章提出的理论机制：全要素生产率水平的差异导致工资差异，引起较高人力资本质量的劳动力从低工资 L 地区流向高工资的 H 地区，使 L 地区老年人比重上升而 H 地区老年人比重下

降，由此造成 L 地区的财政支付压力上升，H 地区财政支付压力减轻，促使 H 地区和 L 地区社会保险费率相对比例进一步减少。当人口迁移成本逐步减少时（k 从 2 逐渐增加到 4），我们也可以看到同样的效应发生：由于迁移成本下降，原来较低人力资本质量的劳动力也可以迁移到 H 地区，这使 H 地区老年人比重下降而 L 地区老年人比重上升，从而导致 H 地区社会保险费率相对 L 地区进一步减少。地区平均人力资本质量变动的影响有所不同：此时的参照基准为第 4 列，可以发现随着 H 地区的人力资本平均质量的提升以及 L 地区人力资本质量的下降，这时 H 地区老年人比重下降，而 L 地区老年人比重上升；但是如果人力资本平均质量的地区差异继续扩大，则 H 地区老年人比重稍有上升而 L 地区老年人比重稍有下降。这个现象只有从劳动市场一般均衡的角度才能得到合理解释：由于两地区人力资本平均质量差距扩大，H 地区需要支付更高的工资水平，企业减少劳动需求，而 L 地区因为工资水平较低，企业的劳动需求反而增加了，两方面效应结合导致在均衡时从 L 地区迁移到 H 地区的年轻人下降了，造成 H 地区老年人口比重上升而 L 地区下降。但我们同样发现，即使在这种情况下，H 地区的老年人比重仍然显著低于 L 地区，也低于相对参照基准（第 4 列）的老年人比重（L 地区老年人比重仍高于参照基准的相应比值）；而且随着 H 地区企业生产率水平的提升（来源于人力资本平均质量），两地区的工资不平等程度进一步加深，地区间的财政支付压力差异持续增加，社会保险费率的地区差异也相应地继续扩大。

表 3 - 2 考虑的是迁移劳动者留在工作地定居的情形。从表 3 - 2 可以发现与表 3 - 1 两个类似的典型特征：一是劳动力迁入的 H 地区老年人比重明显低于劳动力迁出的 L 地区，同时两地区社会保险费率的相对比例显著低于 1；二是随着全要素生产率地区差距的扩大，两地区社会保险费率相对比例进一步下降，两地区工资相对比例进一步扩大。与表 3 - 1 不同的是，随着人口迁移成本的下降，

尽管 L 地区的老年人比重上升，但是两地区的社会保险费率相对比例却在上升。造成这个结果的原因在于迁移人口造成的工资下降以及 H 地区老年人比重始终稳定在 0.5。从式（3 – 11）可以看到，当人口出生率 n 设为 1 时，如果 L 地区人口不断减少，最终迁移外流的人口为 0，即 $\dfrac{N_t^L - F_t^L(\theta_t^L)}{N_{t-1}^H + N_{t-1}^L - F_{t-1}^L(\theta_{t-1}^L)}$ 趋于 0，则 q_t^H 将趋于 0.5，本部分的数值解结果反映了这一事实。H 地区老年人比重保持不变意味着老年人增长比例等于年轻人增长比例，如果由于迁移劳动力增加造成 H 地区工资相对 L 地区下降，那么根据式（3 – 16）必须通过提高 H 地区的社会保险费率而使得财政预算保持平衡。从人力资本平均质量参数的变化看，随着人力资本平均质量参数地区相对差距的扩大，地区工资相对比例提高而社会保险费率相对比例下降；相对于此时的基准情况（第 4 列），L 地区老年人比重上升，随着人力资本平均质量参数地区差异的不断扩大，受到劳动市场均衡调整的影响，L 地区老年人比重出现轻微的下降，但仍高于基准情况。

受限于迁移劳动力回流或定居决策因素的复杂程度，本章模型只考虑了两种特定的情形：全部回流到出生地区或者全部留在工作地区，而实际的情况可能介于两者之间。

3.5　本章小结

本章通过构建企业投资最优化的局部均衡及拓展的两期世代交叠模型，提出几个可检验推断。首先讨论了一个企业投资最优化的局部均衡模型，得到如下结论（推断）：①当企业社会保险成本上升时，企业的最优投资和雇佣水平将会下降。②当企业社会保险成本上升时，企业利润变动方向取决于产出下降的利润减少效应是否强于要素（资本和劳动）投入减少的成本节省效应。接着将人口结构变动、地区差异、社会保险、企业发展等多种因素纳入模型，构建了一个拓展的两期世代交叠模型并进行详尽的分析，得到如下结论：③由地区间全要素生产率水平决定的工资差异是劳动力跨地区流动的主要推动力，高人力资本质量的劳动者选择从低工资水平地区迁移到高工资地区，这又扩大了地区工资收入差距。④劳动力跨地区的人口迁移活动造成了地区人口结构的差异，劳动力流入地区的老年人比重小于劳动力流出地区的老年人比重。⑤老年人比重高的地区，地区财政支出压力较大，进而引致地方较高的社会保险费率。

其中结论③已经得到相当多研究文献的证实（邢春冰等，2013；彭国华，2015），说明本章构建的模型机制是合理的，能够刻画出我国现实的经济环境基本特征。结论④的现象也有少数研究者注意到（曾毅，2005），但缺乏理论建模分析，也缺少充足的经验证据。就笔者检索范围所知，目前还没有学术文献涉及结论⑤。除了结论③以外，本章理论分析结论①、结论②、结论④和结论⑤是否成立仍需要经过严谨的实证检验，具体的实证研究将呈现在本书第4章至第7章中。

第4章 企业社会保险成本变动的经济后果

本章利用2000~2013年中国工业企业数据库的大样本数据，从微观层面考察企业社会保险成本变动对实体经济发展所造成的经济后果[①]，即对企业雇佣人数、投资水平以及盈利状况的影响。由于计量经济模型中存在比较严重的内生性问题，因而本章采用工具变量估计策略，根据第3章的理论分析，选取适当的工具变量估计计量回归方程。

4.1 计量经济模型

4.1.1 模型设定

本章将实证检验企业社会保险成本变动对企业雇佣、投资以及利润水平的

[①] 经济后果（Economic Consequences）一词，最早于1978年出现在斯蒂芬·泽夫的论文《"经济后果"的产生》（*The Rise of "Economic Consequences"*）中，其意指选择会影响公司的价值。本书借鉴于此，从企业长期可持续发展角度界定经济后果，对于企业而言其利润、投资与雇佣状况是衡量企业是否能够盈利、壮大、稳定的长期有效且可持续发展的重要指标，故而本书将企业社会保险成本变动对企业投资、利润与雇佣情况的影响，统称为社会保险成本变动的经济后果。

影响，用于实证检验的基本计量经济模型如下：

$$y_{it} = \alpha + \beta\, SC_{it-1} + \gamma X_{it-1} + \eta_s + \delta_t + \varepsilon_{it} \tag{4-1}$$

其中，i 和 t 分别表示企业和年度，y_{it} 表示结果变量，即本书所指的经济后果，分别为企业雇佣率、投资率以及利润率。企业雇佣率（Employ）的定义为企业职工人数/总资产，即每千元资产所雇佣的人数；投资率（INV）定义为企业固定资产变化量/滞后一期总资产，其中固定资产变化量 = 当期固定资产净值 − 滞后一期固定资产净值；利润率（ROA）定义为营业利润/总资产。为了同时控制年度、行业和城市特征的影响，本书将以上 3 个结果变量做调整年度—行业—城市均值处理①。企业社会保险成本（SC）是本书感兴趣的解释变量，定义为工业企业数据中的"劳动和待业保险费"与"养老保险和医疗保险费"两项之和与企业"应付工资总额"之比。X 为一组企业和行业层面的控制变量，以便控制企业财务状况、经营发展、股权结构、工会、行业特征等可能影响到结果变量的因素。本书将针对不同的回归相应选择不同的控制变量组合，本章研究可能涉及的主要控制变量将在"变量设置"部分的表 4 − 1 变量定义中给出具体描述。η_s 为地区变量，根据我国各地区地理以及经济联系的特点，我们将全国分为六大区域，分别设置相应的虚拟变量，大区划分的具体内容也呈现于"变量设置"部分的表 4 − 1 中。δ_t 为时间变量，将根据回归时所使用样本的年度分别设置年度虚拟变量。ε_{it} 为随机扰动项。

计量回归方程（4 − 1）可能存在比较严重的内生性问题，难以正确识别感兴趣变量企业社会保险成本（SC）对结果变量的因果效应。计量回归方程（4 − 1）涉及的内生性问题主要来自三个方面：

---

①　这个调整相当于在计量回归方程中加入年度、行业和城市虚拟变量。由于本书微观层面涉及的企业样本数量非常巨大（在本章样本说明部分将有详细描述），达 76 万余家企业，382 万余个企业一年度观测值，如果要通过设置虚拟变量控制城市效应，仅城市变量就要增加 287 个虚拟变量，将给回归分析的程序运行造成严重负担，导致运行速度变得非常缓慢。

表4-1　变量定义

变量	定义
Employ	企业雇佣率 = 企业职工人数/总资产
INV	投资率 = 企业固定资产变化量/滞后一期总资产，其中固定资产变化量 = 当期固定资产净值 - 滞后一期固定资产净值
ROA	利润率 = 营业利润/总资产
SC	企业社会保险成本 = （劳动和待业保险费 + 养老保险和医疗保险费）/应付工资总额
SC_ city	城市社会保险费率 = 城市企业所缴纳的养老、医疗、失业、生育和工伤保险费率之和①
Oldratio	老年人比重 = 城市60岁以上老年人数/城市人口总数
DR	总抚养比 = （0~14岁人数 +60岁以上人数）/15~59岁人数
CDR	少儿抚养比 =0~14岁人数/15~59岁人数
ODR	老年人抚养比 =60岁以上人数/15~59岁人数
Wageratio	工资销售比率 = 本年应付职工工资总额/产品销售收入
Lnwage	以2000年为基期的实际人均工资的对数
Cashratio	现金持有比率 = （流动资产 - 应收账款净额 - 存货）/总资产
Debt	负债率 = 总负债/总资产
Size	以2000年为基期的企业总资产实际价值的对数
Salegrow	销售增长率 = （当期产品销售收入 - 滞后一期产品销售收入）/滞后一期产品销售收入
State	国有持股比率 = （国家资本金 + 集体资本金 + 法人资本金）/实收资本
Unionrate	工会人员比重 = 工会人数/企业职工人数②
Private	民营持股比率 = 个人资本金/实收资本
Micro③	微型企业：虚拟变量，如果职工人数小于10人为1，否则为0
Small	小型企业：虚拟变量，如果职工人数大于10人但小于50人为1，否则为0

---

①　其中工伤保险费率使用第一档次费率。

②　该项数据为2004年全国经济普查数据，为不随时间变动的企业特征变量。从近年来的几篇关于中国工会影响的文献来看，工会对于企业工资、就业和绩效都具有比较重要的影响，因此本书在对企业经济后果变量的回归中加入工会变量作为控制变量，以确保回归结果的稳健性。由于工会是一种比较刚性的制度，一旦建立工会，将会长期存在，因此本书将工会作为不随时间变化的变量。

③　企业规模分类参考世界银行（Almeida 和 Aterido，2010）。世行标准按照职工人数划分工业企业规模，我国的国家标准是按照人数和营业收入划分工业企业规模，由于在本书研究的样本中，工业企业的职工人数与其营业收入呈正相关，因此本书采用世行标准。

续表

变量	定义
Med	中型企业：虚拟变量，如果职工人数大于50人但小于250人为1，否则为0
Large	大型企业：虚拟变量，如果职工人数大于250人
Indsalegrow	按照资产加权平均的行业销售收入增长率
Indebt	按照资产加权平均的行业负债率
Open	属于外向型企业为1，其他为0。外向型企业："出口交货值/工业销售产值"大于10%，且港澳台商持股比例或者外商持股比例大于10%
Tech	属于较高技术含量行业的企业为1，其他为0。较高技术含量的行业有：石油加工、炼焦及核燃料加工业；化学原料及化学制品制造业；医药制造业；化学纤维制造业；通用设备制造业；专用设备制造业；交通运输设备制造业；电气机械及器材制造业；通信设备、计算机及其他电子设备制造业；仪器仪表及文化、办公用机械制造业
Lowtech	属于较低技术含量行业的企业为1，其他为0。较低技术含量的行业有：农副食品加工业；食品加工业；饮料制造业；烟草制造业；纺织业；纺织服装、鞋、帽制造业；皮革、毛皮、羽毛（绒）及其制品业；木材加工及木、竹、藤、棕、草制品业；家具制造业；造纸及纸制品业；印刷业和记录媒介的复制
Lncity_ wage	以2000年为基期的实际城市平均工资的对数
Lnminiwage	以2000年为基期的实际城市最低工资的对数
Lncity_ emp	城市就业人数的对数
Lngdp	以2000年为基期的实际城市国内生产总值的对数
Lnfdi	以2000年为基期的实际城市外商直接投资（人民币计价）的对数
CPI	省消费者价格指数（上年=1）
Dongbei①	东北地区，包括辽宁、吉林和黑龙江
Bohai	环渤海地区，包括北京、天津、河北和山东
Dongnan	东南地区，包括上海、江苏、浙江、福建和广东
Zhongbu	中部地区，包括河南、湖北、湖南、安徽和江西
Xinan	西南地区，包括重庆、四川、云南、贵州、广西和海南
Xibei	西北地区，包括山西、陕西、甘肃、宁夏、内蒙古、新疆、青海和西藏

　　一是联立性偏误。结果变量（雇佣率、投资率以及利润率）可能与难以观测到的企业融资约束程度以及财务风险有关（这部分难以观测到的因素反

---

① 此处参考聂辉华等（2012）的做法将全国划分为六大区域。

映在随机扰动项 ε_{it} 中），而这些因素也同时与企业的社会保险成本支出比重有密切关联，导致企业社会保险成本变量（SC）与同期的随机扰动项发生关联。

二是测量误差。由于工业企业数据库中对财务指标和变量并没有更详细的说明，很难确切地认为养老、医疗、失业、工伤和生育五项社会保险费用已经全部包括在"劳动和待业保险费"及"养老保险和医疗保险费"这两项支出之中，因此，本书定义的变量 SC 可能存在一定的测量误差，难以准确反映企业的实际社会保险成本。根据经典变量误差（CEV）设定 $SC_{it} = SC_{it}^{*} + e_{it}$，即观测到的 SC_{it} 是真实的 SC_{it}^{*} 和随机项 e_{it} 之和。显然，SC_{it} 与 e_{it} 相关。如果真实的计量回归方程为：

$$y_{it} = \alpha + \beta SC_{it-1}^{*} + \gamma X_{it-1} + \eta_{s} + \delta_{t} + \varepsilon_{it} \qquad (4-2)$$

那么代入 $SC_{it-1} = SC_{it-1}^{*} + e_{it-1}$ 后得到：

$$y_{it} = \alpha + \beta SC_{it-1} + \gamma X_{it} + \eta_{s} + \delta_{t} + \varepsilon_{it} - \beta e_{it-1} \qquad (4-3)$$

由此可见计量回归方程（4-1）中实际的随机项其实是 $\varepsilon_{it-1} - \beta e_{it-1}$，此时解释变量 SC_{it-1} 与随机扰动项发生关联，OLS 估计是有偏误的。

三是逆向因果关系。企业雇佣率越高，需要承担的社会保险成本就相对越多，越可能有动机想办法少交或者拖欠社会保险费（赵静等，2015），导致实际的社保支出比重下降。如果企业投资支出比较大，资金紧张，财务压力大，也会迫使企业设法减少社保支出。如果企业盈利状况良好，有较高的利润率，那么企业不但可以按照规定如数缴纳社保费用，还可以增加对非强制性社会保险项目的支出（如养老年金计划或补充医疗保险）[①]。逆向因果关系的存在也

---

① 根据 2002 年 5 月《财政部、劳动和社会保障部关于企业补充医疗保险有关问题的通知》（财社〔2002〕18 号）以及 2004 年 1 月《企业年金试行办法》（劳动和社会保障部令第 20 号），企业可以按照工资的一定比例缴纳年金和补充医疗保险费。

能够导致影响结果变量的随机因素与解释变量 SC 发生联系，从而使回归系数
估计值出现偏误。

为缓解内生性问题，本书在估计计量回归方程时将主要解释变量 SC 及控
制变量 X 滞后一期以避免与随机扰动项同期相关，但这只能缓解部分内生性。
为了比较彻底地纠正内生性偏误，本书还将引入工具变量进行估计，下一节将
讨论具体的工具变量估计策略。

4.1.2　工具变量估计策略

一个合适的工具变量应该能够影响企业社会保险成本，而不会直接与企业
雇佣、投资以及利润产生逻辑联系，只能通过企业社保成本的变动与企业雇
佣、投资以及利润发生联系，因而可以避免与计量回归方程（4-1）中的随
机扰动项发生关联。第 3 章的理论分析显示劳动力跨地区流动造成劳动力流入
地区的老年人比重小于劳动力流出地区的老年人比重，而老年人比重高的地
区，财政支出压力较大，导致地方政府选择较高的社会保险费率，从而使企业
的社保支出比重也较高；老年人比重低的地区，财政状况相对宽松，导致地方
政府选择较低的社会保险费率，企业社保支出比重也较低。由此可见，可供选
择的工具变量有：城市的人口流动程度、老年人比重、财政收支状况以及社会
保险费率（五项社会保险费率之和）。企业的雇佣、投资和利润水平可能影响
城市经济状况（特别是大型企业），从而影响城市财政收支状况和社会保险费
率；而一些难以观测的城市经济因素变动，即可能影响结果变量，也可能影响
到财政收支与社会保险费率。这两种情况都造成财政收支和社会保险费率与可
能影响结果变量的不可观测因素（反映在随机扰动项）相关，因而不是理想
的工具变量。备选工具变量中的城市人口流动程度虽然具有较强的外生性，但
也可能存在与结果变量直接关联的可能性，企业如果突然增加大量投资，需要

大量雇佣工人，这时候可能引起外来人口显著增加，因而也不能算最适合的工具变量。城市老年人比重属于城市的人口结构特征变量，而人口结构变动导致的影响是长期性，与企业雇佣、投资和利润没有直接的关联：根据本书的理论分析，老年人比重通过影响城市财政收支状况（特别是社会保险的财政收支），进而影响城市社会保险费率（或社会保险费用征缴程度），从而对企业社会保险成本支出比重发生作用。因此，相对于以上三个备选工具变量，老年人比重是一个比较理想的工具变量。在找到工具变量后，本章将应用两阶段最小二乘法（2SLS）估计计量回归方程（4-1）。

4.2　数据与变量

4.2.1　数据说明

本书研究的企业样本来自国家统计局的工业企业数据库，为不平衡面板。该数据库每年的样本企业数目为20万~30万个，自2004年以来样本企业数目基本保持在27万个以上，遍及全国各个地区，是目前样本容量最大的中国微观数据库。该数据库包含的内容主要有企业的基本情况（企业名称、法人代码、法人代表姓名、企业地址、登记注册类型、行业类别、企业员工人数、性别构成和教育程度构成等）、股权结构（包括国有、法人、集体、个人、港澳台资和外商）、财务信息（资产负债表、损益表和现金流量统计）以及企业产值数据（企业销售产值、出口交货值和工业增加值等），为企业管理、劳动经济学、产业经济学和公司金融等领域的研究者提供了相当丰富的数据资源。但是该数据库也存在比较严重的潜在问题：一是该数据库指标缺失比较严重，相当比例的企业存在指标缺失，而且不少指标缺少连续的记录，如企业社会保险费用数据只有6年的（2001年、2004年、2005年、2006年、2007年以及2010年），企业的现金流量指标只有4年的数据，反映企业员工特征状况的指标（如工会人数比重、性别比重以及受教育程度构成等）只有2004年全国经济普查的数据；二是该数据库存在相当比例的样本指标值异常，如总资产为负数、企业产值为负、研发支出为0或者企业员工人数为0等；三是该数据库相当比例的样本出现相同法人代码但是企业名称不同，或者相同企业名称但法人代码不同的混乱状况，大概10%的样本属于这种情况（聂辉华等，2012）。本书根据聂辉华等（2012）建议的程序对工业企业数据库进行重新整理，具体的数据整理程序如下：①剔除没有企业名称，法人代码混乱（法人代码内填写的是企业名称或其他词语）的样本。②相同名称不同代码的企业样本认定为同一个企业样本。③相同代码不同名称的企业样本则考察企业法人姓名、企业电话号码、邮政编码、企业主要产品是否一致，如果一致，认定为相同的企业样本；如果其中之一存在差异，则认定为不同的企业样本。④剔除企业名称有差异，且电话号码与邮政编码前后不一的样本。⑤手工逐笔剔除法人代码和年度、企业名称和年度重复的样本，剔除重复观测值过多的样本（重复观测值大于等于4个以上），剔除无法分辨重复性质的企业单元全部样本（一些企业法人姓名、地址、邮编等均相同，但是财务指标不一致）。⑥剔除西藏的样本。⑦剔除事业单位样本。

最后得到的样本范围为2000～2013年我国各类所有制性质规模以上工业企业761618个，总共3822301个观测值。但这套样本中，仍有很多指标存在不合理的异常值，在具体的实证研究中，本书将根据具体情况相应剔除研究所涉及变量出现异常值的观测值。

本书研究所涉及的人口结构数据来自于各省份 2000 年人口普查数据、2005 年 1% 人口抽样调查数据以及 2010 年人口普查数据，受数据收集难度所限，少数省份 2000 年以及 2005 年人口调查数据缺失。本书的研究还涉及地级市的各项经济数据，这方面的数据来源于历年的《中国城市统计年鉴》，笔者从中收集了全国 287 个地级市、省辖区以及直辖市的 2000 年和 2013 年的相应统计指标。此外，为了对本书计量回归方程所涉及的名义变量做平减处理以求得实际值，我们从各省份统计年鉴中获取消费者物价指数（CPI），然后构造以 2000 年初为基期的平减指标。

由于人口数据为间断的三次人口调查数据（两次普查，一次抽样调查），而企业与城市数据为具有连续年度的数据，因此本书需要将人口数据以一定的方式匹配年度。具体而言，有两种匹配方式，其中第一种匹配方式如下：

（1）如果只有一次的调查数据，则匹配到整个样本期（2000～2013 年）。

（2）如果有 2000 年和 2010 年的普查数据，则 2000 年普查数据匹配到 2000～2007 年样本期，2010 年普查数据匹配到 2008～2013 年样本期。

（3）如果有 2005 年抽查和 2010 年普查数据，则 2005 年抽查数据匹配到 2000～2007 年样本期，2010 年普查数据匹配到 2008～2013 年样本期。

（4）如果有 2000 年普查和 2005 年抽查数据，则 2000 年普查数据匹配到 2000～2004 年样本期，2005 年抽查数据匹配到 2005～2013 年样本期。

（5）如果有全部 2000 年、2005 年和 2010 年三次调查数据，则 2000 年普查数据匹配 2000～2003 年样本期，2005 年抽查数据匹配 2004～2007 年样本期，2010 年普查数据匹配 2008～2013 年样本期。

第二种匹配方式如下：

（1）如果只有 2000 年普查数据，匹配到 2000～2004 年样本期，其余年份不匹配；如果只有 2005 年抽查数据，则匹配到 2000～2008 年样本期，其余年份不匹配；如果只有 2010 年普查数据，则匹配到 2005~2013 年样本期，其余年份不匹配。

（2）如果有 2000 年和 2010 年的普查数据，则 2000 年普查数据匹配到 2000~2004 年样本期，2010 年普查数据匹配到 2005~2013 年样本期。

（3）如果有 2005 年抽查和 2010 年普查数据，则 2005 年抽查数据匹配到 2000~2008 年样本期，2010 年普查数据匹配到 2009~2013 年样本期。

（4）如果有 2000 年普查和 2005 年抽查数据，则 2000 年普查数据匹配到 2000~2004 年样本期，2005 年抽查数据匹配到 2005~2008 年样本期。

（5）如果有 2000 年、2005 年和 2010 年数据，则 2000 年普查数据匹配到 2000~2004 年样本期，2005 年抽查数据匹配到 2005~2008 年样本期，2010 年普查数据匹配到 2009~2013 年样本期。

本书的实证检验主要采用第一种匹配方式的数据，同时使用第二种匹配方式的数据进行稳健性检验，以确保实证研究得到的结论不受到人口数据匹配方式的影响。

4.2.2 变量设置及描述性统计

表4-1列出了本章计量回归分析时所涉及变量的定义，表4-2为变量的样本描述性统计。

表4-2 描述性统计

变量	观测值	均值	标准差	最小值	最大值
Employ	3734720	0.000	0.016	-0.030	0.600
INV	2808492	0.000	0.502	-5.246	9.908
ROA	3747474	0.000	0.168	-1.269	1.188

续表

变量	观测值	均值	标准差	最小值	最大值
SC	1631800	0.088	0.135	0.000	1.000
SC_city	2906498	0.296	0.034	0.101	0.379
Oldratio	3809445	0.124	0.037	0.019	0.235
DR	3749548	0.402	0.118	0.115	0.887
CDR	3749548	0.223	0.089	0.063	0.699
ODR	3749548	0.179	0.060	0.023	0.356
Wageratio	3452506	0.000	0.082	−0.494	0.956
Lnwage	3437431	2.474	0.787	−8.140	6.908
Cashratio	3504588	0.218	0.192	0.000	1.000
Debt	3641538	0.527	0.264	0.000	1.000
Size	3804513	9.853	1.497	−0.346	20.389
Salegrow	2800403	0.358	1.043	−1.000	9.998
Unionrate	3822301	0.208	0.369	0.000	1.000
State	3779600	0.388	0.461	0.000	1.066
Private	3779684	0.469	0.481	0.000	1.000
Small	3822301	0.129	0.335	0.000	1.000
Med	3822301	0.602	0.490	0.000	1.000
Large	3822301	0.257	0.437	0.000	1.000
Indsalegrow	3649435	0.814	1.123	−0.251	9.080
Indebt	3822301	0.579	0.055	0.201	0.841
Open	3822301	0.115	0.319	0.000	1.000
Tech	3822301	0.350	0.477	0.000	1.000
Lowtech	3822301	0.311	0.463	0.000	1.000
Lncity_wage	3717429	10.008	0.489	2.268	11.169
Lnminiwage	3109646	6.404	0.329	4.959	7.108
Lncity_emp	3726224	4.159	0.932	1.399	6.828
Lngdp	3736512	16.496	1.077	12.102	18.903
Lnfdi	3712397	12.815	1.819	2.748	15.869
CPI	3822301	1.026	0.021	0.967	1.101

从表 4 – 2 的描述性统计中可以看到企业社会保险支出比重与城市社会保险费率之间存在显著差异，企业社保成本均值为 0.088，而城市社保费率均值为 0.296。造成这种差异的一个原因是测量误差问题，工业企业数据库中企业报告的社会保险费用支出项目不全面或支出金额有误。另一个原因可能更为重要，即相当一部分比例的企业少交社会保险费：一般采取少报缴费基数的方式少交社会保险费（赵静等，2015）。企业也可能存在拖欠不交社保费用的问题：根据深圳市社保局公布的信息，2015 年深圳市共清理社保欠费企业 22965 个，清理社保欠费约 1.8 亿元。与全国各城市相比，深圳市的社会保险费率相对较低（样本平均值为 0.1858），企业社保负担也比较轻，尚且出现相当部分企业欠费，那么可以推测在社会保险费率较高的城市，欠费现象势必更为普遍。同时还可以看到，企业社会保险支出比重的标准差比较大，是均值的 1.53 倍，进一步的数据分析显示组间标准差为 0.12，组内标准差为 0.076，说明变量 SC 具有足够的变差，而且变差主要源于横截面企业之间的社保成本差异。结果变量（Employ、INV 以及 ROA 等）的最小取值为负值，由于这是经过年度—行业—城市均值调整后的数值，所以出现负值是正常的。

4.3　企业社会保险成本变动的经济后果实证分析

4.3.1　基础回归

　　表 4 – 3、表 4 – 4 和表 4 – 5 分别给出未考虑内生性时企业社会保险成本对企业雇佣、投资和利润的基础回归结果。其中第 1 列为单变量回归，第 2 列为

加入了现金持有比率、负债率以及销售收入增长率三个企业财务变量之后的回归结果，第3列为增加考虑企业所有权特征（国有持股或民营持有）后的回归结果，第4列为控制了企业规模特征（小、中和大型企业）后的回归结果，第5列为控制了行业财务特征（行业销售增长率和行业负债率）后的回归结果，第6列为进一步考虑行业其他固定特征（开放程度与技术水平）后的回归结果。所有的回归均控制了地区效应以及年度效应。

表 4-3　企业社会保险成本变动对企业雇佣的影响

变量	因变量：Employ					
	（1）	（2）	（3）	（4）	（5）	（6）
SC	-0.0059***	-0.0054***	-0.0045***	-0.0045***	-0.0047***	-0.0046***
	(0.0001)	(0.0001)	(0.0001)	(0.0001)	(0.0001)	(0.0001)
Cashratio	—	0.00045***	0.0003**	0.00025*	0.00025*	0.00026**
		(0.00013)	(0.00013)	(0.00013)	(0.00013)	(0.00013)
Debt	—	0.00026***	0.00018**	0.00014*	0.00015*	0.00015**
		(0.00007)	(0.00008)	(0.00008)	(0.00008)	(0.00008)
Salegrow	—	-0.00023***	-0.00026***	-0.00029***	-0.0003***	-0.0003***
		(0.00001)	(0.00001)	(0.00001)	(0.00002)	(0.00002)
Unionrate	—	—	-0.00120***	-0.00145***	-0.00144***	-0.00146***
			(0.00005)	(0.00005)	(0.00005)	(0.00005)
State	—	—	0.00187***	0.00212***	0.00211***	0.00256***
			(0.00008)	(0.00008)	(0.00008)	(0.00008)
Private	—	—	0.00203***	0.00234***	0.00235***	0.00282***
			(0.00007)	(0.00007)	(0.00007)	(0.00007)
Small	—	—	—	-0.00079***	-0.00079***	-0.00079***
				(0.00020)	(0.00021)	(0.00021)
Med	—	—	—	0.0008***	0.0008***	0.0008***
				(0.0002)	(0.0002)	(0.0002)

续表

变量	因变量：Employ					
	（1）	（2）	（3）	（4）	（5）	（6）
Large	—	—	—	0.00148*** （0.0002）	0.00151*** （0.00021）	0.00148*** （0.00021）
Indsalegrow	—	—	—	—	−0.00001 （0.00002）	−0.00003* （0.000017）
Indebt	—	—	—	—	−0.00268*** （0.00045）	−0.00327*** （0.00045）
Open	—	—	—	—	—	0.00071*** （0.00007）
Tech	—	—	—	—	—	−0.00007 （0.000044）
Lowtech	—	—	—	—	—	−0.000397*** （0.000055）
地区效应	有	有	有	有	有	有
年度效应	有	有	有	有	有	有
观测值	1358412	1035799	1031630	1031630	979660	979660
R^2	0.004	0.004	0.008	0.010	0.010	0.010

注：括号内为稳健标准误，* 表示 $p<0.10$，** 表示 $p<0.05$，*** 表示 $p<0.01$。

表 4 - 4　企业社会保险成本变动对企业投资的影响

变量	因变量：INV					
	（1）	（2）	（3）	（4）	（5）	（6）
SC	−0.1330*** （0.00374）	−0.1080*** （0.00393）	−0.0734*** （0.00416）	−0.0721*** （0.00417）	−0.0719*** （0.00431）	−0.0740*** （0.00433）
Cashratio	—	0.0636*** （0.00315）	0.0636*** （0.00316）	0.0644*** （0.00316）	0.0623*** （0.00322）	0.0626*** （0.00322）
Debt	—	−0.0224*** （0.00223）	−0.0248*** （0.00231）	−0.0251*** （0.00231）	−0.0258*** （0.00241）	−0.0258*** （0.00241）

续表

变量	因变量：INV					
	（1）	（2）	（3）	（4）	（5）	（6）
Salegrow	—	0.00206 ***	0.00066	0.00035	0.00060	0.00053
		（0.00079）	（0.00080）	（0.00080）	（0.00083）	（0.00083）
Unionrate	—	—	− 0.0425 ***	− 0.0438 ***	− 0.0443 ***	− 0.0446 ***
			（0.00124）	（0.00127）	（0.00131）	（0.00131）
State	—	—	0.0364 ***	0.0374 ***	0.0375 ***	0.0276 ***
			（0.00153）	（0.00155）	（0.00160）	（0.00190）
Private	—	—	0.0461 ***	0.0472 ***	0.0471 ***	0.0371 ***
			（0.00133）	（0.00138）	（0.00142）	（0.00178）
Small	—	—	—	− 0.0120 **	− 0.0121 **	− 0.0123 **
				（0.00576）	（0.00597）	（0.00597）
Med	—	—	—	0.0134 **	0.0131 **	0.0134 **
				（0.00566）	（0.00586）	（0.00586）
Large	—	—	—	0.00933	0.00878	0.0101 *
				（0.00570）	（0.00591）	（0.00591）
Indsalegrow	—	—	—	—	− 0.00103	− 0.00109
					（0.00070）	（0.00071）
Indebt	—	—	—	—	− 0.0150	− 0.0333 **
					（0.0164）	（0.0167）
Open	—	—	—	—	—	− 0.0152 ***
						（0.00158）
Tech	—	—	—	—	—	0.00353 **
						（0.00140）
Lowtech	—	—	—	—	—	− 0.00301 **
						（0.00149）
地区效应	有	有	有	有	有	有
年度效应	有	有	有	有	有	有
观测值	1314841	1010117	1004704	1004704	953909	953909
R^2	0.001	0.002	0.003	0.004	0.004	0.004

注：括号内为稳健标准误，＊表示 $p < 0.10$，＊＊表示 $p < 0.05$，＊＊＊表示 $p < 0.01$。

表 4 – 5　企业社会保险成本变动对企业利润的影响

变量	因变量：ROA					
	（1）	（2）	（3）	（4）	（5）	（6）
SC	– 0. 0979 ***	– 0. 0917 ***	– 0. 0744 ***	– 0. 0732 ***	– 0. 0735 ***	– 0. 0746 ***
	（0. 00134）	（0. 00145）	（0. 00150）	（0. 00150）	（0. 00154）	（0. 00154）
Cashratio	—	– 0. 0560 ***	– 0. 0570 ***	– 0. 0564 ***	– 0. 0558 ***	– 0. 0557 ***
		（0. 00110）	（0. 00112）	（0. 00112）	（0. 00115）	（0. 00115）
Debt	—	– 0. 0326 ***	– 0. 0332 ***	– 0. 0329 ***	– 0. 0325 ***	– 0. 0325 ***
		（0. 00064）	（0. 00066）	（0. 00065）	（0. 00067）	（0. 00067）
Salegrow	—	0. 0155 ***	0. 0150 ***	0. 0151 ***	0. 0152 ***	0. 0151 ***
		（0. 00023）	（0. 00023）	（0. 00023）	（0. 00024）	（0. 00024）
Unionrate	—	—	– 0. 0185 ***	– 0. 0173 ***	– 0. 0174 ***	– 0. 0176 ***
			（0. 00058）	（0. 00058）	（0. 00059）	（0. 00059）
State	—	—	0. 0137 ***	0. 0123 ***	0. 0125 ***	0. 00434 ***
			（0. 00071）	（0. 00072）	（0. 00073）	（0. 00093）
Private	—	—	0. 0230 ***	0. 0210 ***	0. 0214 ***	0. 0131 ***
			（0. 00066）	（0. 00067）	（0. 00068）	（0. 00091）
Small	—	—	—	0. 00582 **	0. 00600 **	0. 00584 **
				（0. 00253）	（0. 00254）	（0. 00254）
Med	—	—	—	0. 00762 ***	0. 00809 ***	0. 00828 ***
				（0. 00247）	（0. 00248）	（0. 00248）
Large	—	—	—	– 0. 00039	– 0. 00016	0. 00073
				（0. 00250）	（0. 00251）	（0. 00251）
Indsalegrow	—	—	—	—	0. 00020	0. 00008
					（0. 00021）	（0. 00021）
Indebt	—	—	—	—	– 0. 00998 *	– 0. 0170 ***
					（0. 00570）	（0. 00583）
Open	—	—	—	—	—	– 0. 0124 ***
						（0. 00085）
Tech	—	—	—	—	—	0. 00040
						（0. 00056）

续表

变量	因变量：ROA					
	(1)	(2)	(3)	(4)	(5)	(6)
Lowtech	—	—	—	—	—	-0.00220***
						(0.00060)
地区效应	有	有	有	有	有	有
年度效应	有	有	有	有	有	有
观测值	1362945	1040581	1036317	1036317	984443	984443
R^2	0.008	0.023	0.027	0.028	0.028	0.028

注：括号内为稳健标准误，* 表示 $p < 0.10$，** 表示 $p < 0.05$，*** 表示 $p < 0.01$。

在表 4-3、表 4-4 和表 4-5 的各列回归结果中，首先要注意单变量回归的结果（控制了地区和年度效应之后）。Angrist 和 Pischke（2009）指出由于变量之间复杂的相互影响，在计量回归方程中增加控制变量可能导致"Bad Control"问题，即研究者有时会把一些实际上属于结果变量的企业变量也当作控制变量放入计量回归方程中，导致主要解释变量的系数估计值出现有偏。这个时候，单变量回归比有控制变量的回归得到的估计值更为准确。从表 4-3、表 4-4 和表 4-5 的单变量回归结果可以看出，主要解释变量企业社会保险成本（SC）对企业雇佣率、投资率以及资产利润率均有显著的负面效应。逐步增加控制变量后的各种回归结果显示，SC 的系数估计值尽管有所降低，但是仍显著为负，而且显著性均保持在 1% 水平上。从经济显著性衡量（以第 1 列为准），企业社会保险支出比重增加 1 个单位标准差（0.135），企业雇佣率约下降 0.008%（0.135 × 0.0059），投资率约下降 1.8%，资产利润率约下降 1.32%。如果与结果变量的标准差对比，能够解释企业雇佣率变动的 5%（0.0008/0.016），投资率变动的 3.59%（0.018/0.502），以及资产利润率变动的 7.86%（0.0132/0.168），具有相当程度的经济显著性。当然正如本章第一节所分析的那样，基础回归的结果可能受到内生性因素干扰影响，导致系数估计值出现一定程度的偏误。不同的内生性问题可能导致不同的系数偏误方向。如果存在不可观测的因素影响企业融资约束及财务风险，或者存在逆向因果关系，当真实的系数值为负数时，则基础回归的估计系数值的负值更大。如果存在测量误差问题，根据 Wooldridge（2010），内生变量企业社保成本（SC）系数估计值的绝对值小于真实系数的绝对值，即低估了企业社保成本对结果变量的负面效应，也就是估计系数值的负值更小。

4.3.2　工具变量估计

本节给出使用了工具变量的 2SLS 估计结果，所选择的工具变量是城市老年人比重，2SLS 中的第 1 阶段估计结果提供了一个工具变量有效性的基本检验。工具变量的估计结果呈现在表 4 - 6 中，其中，第 1 列至第 3 列是企业雇佣率的回归，第 4 列至 6 列是企业投资率回归，第 7 列至 9 列则为资产利润率回归。

从表 4 - 6 的第一阶段回归结果可看到，城市老年人比重（Oldratio）对企业社会保险成本（SC）的 9 次回归系数均在 1% 内显著为正。工具变量的 F 统计量在 800 以上（1% 内显著），说明 Oldratio 并不是弱工具变量（一般而言，F 统计量大于 10 即可拒绝弱工具变量的原假设）。从第二阶段回归结果可以看到与基础回归不一样的结果：企业社会保险成本对企业雇佣率的影响并不显著，对投资率有显著为负的影响，而且系数估计值明显高于基础回归的对应值，对资产利润率的影响也是显著为负，但系数估计值与基础回归结果基本相似。从经济显著性衡量，如果企业社会保险支出比重上升 1 个标准差，则企业的投资率下降 5.32% ~ 6.45%，相当于企业投资率标准差的 10.6% ~ 12.85%，也就是说企业投资变动中至少 10% 以上部分可以由企业社会保险成本的变动所解释，经济意义也很显著。

表4－6 企业社会保险成本变动的经济后果：工具变量估计

第一阶段回归	(1)	(2)	(3)	(4)	(5)	(6)	(7)	(8)	(9)
					因变量：SC			因变量：ROA	
Oldratio	0.155***	0.182***	0.152***	0.162***	0.185***	0.159***	0.161***	0.185***	0.158***
	0.0054	0.0052	0.0054	0.0054	0.0052	0.0054	0.0053	0.0051	0.0054
控制变量	有	有	有	有	有	有	有	有	有
F统计量	831.94***	1245***	794.02***	895.39***	1260.96***	852.41***	910.30***	1295.58***	869.64***
R^2	0.0878	0.0875	0.0911	0.0873	0.0873	0.0905	0.0879	0.0881	0.0914
第二阶段回归	(1)	(2)	(3)	(4)	(5)	(6)	(7)	(8)	(9)
		因变量：Employ			因变量：INV				
SC	-0.00605	-0.00550	-0.00433	-0.394***	-0.478***	-0.410***	-0.0731*	-0.109***	-0.0774*
	(0.00492)	(0.00406)	(0.00512)	(0.0999)	(0.0893)	(0.105)	(0.0404)	(0.0347)	(0.0419)
Cashratio	0.00025	0.00029*	0.00024	0.0657***	0.0648***	0.0640***	-0.0565***	-0.0553***	-0.0558***
	(0.00016)	(0.00015)	(0.00016)	(0.00321)	(0.00327)	(0.00328)	(0.00129)	(0.00127)	(0.00132)
Debt	0.00015	0.00017*	0.00014	-0.0196***	-0.0168***	-0.0201***	-0.0330***	-0.0323***	-0.0325***
	(0.00009)	(0.00009)	(0.00009)	(0.00288)	(0.00291)	(0.00299)	(0.00075)	(0.00074)	(0.00077)
Salegrow	-0.0003***	-0.00026***	-0.0003***	-0.00118	-0.00189**	-0.00106	0.0151***	0.0148***	0.0152***
	(0.00003)	(0.00002)	(0.00003)	(0.00092)	(0.00092)	(0.00095)	(0.00031)	(0.00029)	(0.00032)
Unionrate	-0.00133***	-0.00132***	-0.00148***	-0.0187**	-0.0131*	-0.0192**	-0.0173***	-0.0151***	-0.0174***
	(0.00039)	(0.00031)	(0.00039)	(0.00807)	(0.00714)	(0.00823)	(0.00327)	(0.00276)	(0.00328)
State	0.00215***	0.00253***	0.00255***	0.0441***	0.0292***	0.0313***	0.0123***	0.00454***	0.00433***
	(0.00013)	(0.00009)	(0.00009)	(0.00260)	(0.00207)	(0.00221)	(0.00118)	(0.00102)	(0.00107)

续表

第一阶段回归	因变量: Employ				因变量: INV			因变量: ROA	
	(1)	(2)	(3)	(4)	(5)	(6)	(7)	(8)	(9)
Private	0.00232***	0.00278***	0.00283***	0.0423***	0.0244***	0.0290***	0.0211***	0.0119***	0.0131***
	(0.00010)	(0.00013)	(0.00015)	(0.00202)	(0.00295)	(0.00313)	(0.00085)	(0.00123)	(0.00132)
Small	-0.00074***	-0.00071***	-0.00075***	-0.0118***	-0.0123**	-0.0121**	0.00585**	0.00554**	0.00589**
	(0.0002)	(0.0002)	(0.0002)	(0.00583)	(0.00607)	(0.00604)	(0.00254)	(0.00255)	(0.00255)
Med	0.00083***	0.00076***	0.00085***	0.0105*	0.00900	0.0108*	0.00763***	0.00812***	0.00829***
	(0.0002)	(0.0002)	(0.0002)	(0.00580)	(0.00604)	(0.00600)	(0.00250)	(0.00251)	(0.00251)
Large	0.00154***	0.00140***	0.00152***	0.0113*	0.0119**	0.0129**	-0.00044	0.00159	0.00073
	(0.00021)	(0.00021)	(0.00021)	(0.00580)	(0.00602)	(0.00603)	(0.00252)	(0.00252)	(0.00254)
Indsalegrow	—	-0.00015***	-0.00003*	—	-0.00160**	-0.00097	—	0.00072***	0.00008
		(0.00002)	(0.000017)		(0.00072)	(0.00072)		(0.00019)	(0.00022)
Indebt	—	-0.00231***	-0.00330***	—	-0.0331*	-0.0684***	—	-0.0170***	-0.0169**
		(0.00055)	(0.0007)		(0.0176)	(0.0201)		(0.00615)	(0.00714)
Open	—	0.00069***	0.00071***	—	-0.0198***	-0.0202***	—	-0.0127***	-0.0124***
		(0.00009)	(0.0001)		(0.00208)	(0.00228)		(0.00100)	(0.00107)
Tech	—	-0.00013	-0.00307	—	0.00930***	0.00885***	—	0.00127	0.000445
		(0.00008)	(0.00010)		(0.00191)	(0.00216)		(0.00078)	(0.00088)
Lowtech	—	-0.00045***	-0.00040***	—	-0.00547***	-0.00509***	—	-0.00209***	-0.00222***
		(0.00006)	(0.00026)		(0.00161)	(0.00163)		(0.00063)	(0.00064)
地区效应	有	无	有	有	无	有	有	无	有
年度效应	有	无	有	有	无	有	有	无	有
观测值	1028427	976650	976650	1001445	950851	950851	1032984	981316	981316
R^2	0.010	0.009	0.011	0.003	0.006	0.003	0.028	0.026	0.028

注：括号内为稳健标准误，* 表示 $p<0.10$，** 表示 $p<0.05$，*** 表示 $p<0.01$。

以企业雇佣率为因变量的 3 次工具变量回归均显示企业社会保险成本的系数不显著（虽然系数符号为负），这与理论分析得到的结论不甚一致。在理论分析中，社会保险费率上升将导致企业减少雇佣劳动力，但这个结论是在局部均衡的企业最优化模型中得到的，局部均衡模型假定工资保持不变，而现实经济中工资由劳动市场供需关系决定，是不断变化的。因此本书对企业社保成本与工资之间的关系做进一步的实证检验，结果列在表 4-7 中。在计量回归分析中，除了主要解释变量 SC 之外，还加入规模、负债、销售收入增长率、工会人数比重以及行业开放程度等与工资水平关系比较密切的变量。此外，考虑到城市劳动市场状况可能对该城市企业产生比较大的影响，还加入了城市工资对数以及城市就业人数对数两个变量以控制住城市劳动市场状况的影响。从表 4-7 可以看到，无论因变量是 Wageratio 还是 Lnwage，企业社保成本变动对其均有显著为负的效应。这说明企业社会保险成本的上升将减少企业的劳动需求，导致劳动市场工资下降，这又引致企业劳动需求增加，从而抵消了社保成本上升的影响。本部分的实证检验结果表明，企业在社会保险支出增加时，可以通过降低工资抵消社保成本上升所引致的负面效应，这解释了为什么企业社会保险成本变动对企业雇佣率没有显著影响。

表 4-7　企业社会保险成本变动对企业工资的影响：工具变量估计

变量	因变量：Wageratio			因变量：Lnwage		
	(1)	(2)	(3)	(4)	(5)	(6)
SC	-0.0781***	-0.0893***	-0.0878***	-0.341**	-1.252***	-0.625***
	(0.0236)	(0.0310)	(0.0292)	(0.164)	(0.200)	(0.182)
Debt	—	0.00227***	0.00253***	—	-0.115***	-0.143***
		(0.00047)	(0.00047)		(0.00337)	(0.00314)
Size	—	-0.00322***	-0.00329***	—	0.151***	0.132***
		(0.00047)	(0.00044)		(0.00309)	(0.00275)

续表

变量	因变量：Wageratio			因变量：Lnwage		
	（1）	（2）	（3）	（4）	（5）	（6）
Salegrow	—	-0.00773***	-0.00758***	—	0.00491***	0.0172***
		(0.00021)	(0.00018)		(0.00139)	(0.00120)
Unionrate	—	0.0224***	0.0222***	—	0.119***	0.0796***
		(0.00217)	(0.00203)		(0.0141)	(0.0127)
Open	—	0.0153***	0.0147***	—	0.0829***	0.0635***
		(0.00057)	(0.00058)		(0.00376)	(0.00357)
Lncity_wage	—	—	0.00177**	—	—	0.437***
			(0.00079)			(0.00444)
Lncity_emp	—	—	0.00163***	—	—	0.0150***
			(0.00024)			(0.00165)
地区效应	无	有	有	无	有	有
年度效应	无	有	有	无	有	有
观测值	1362535	1003186	982614	1351333	992374	971794
R^2	0.03	0.01	0.01	0.016	0.149	0.234

注：括号内为稳健标准误，＊表示 $p<0.10$，＊＊表示 $p<0.05$，＊＊＊表示 $p<0.01$。

　　总体而言，根据本部分工具变量估计的结果显示，企业社会保险成本变动对企业雇佣率的影响较小，其原因在于工资可以比较灵活地调整，这与 Gruber 和 Krueger（1991）、Gruber（1994）以及 Gruber（1997）的实证研究结论基本一致；但企业社会保险成本变动对投资和绩效的影响较大，说明企业社会保险成本的负面效应可能是长期性的，过高的社会保险费率不利于实体经济的未来成长。

4.3.3　影响机制检验

　　工具变量估计的两阶段估计结果显示，作为工具变量的城市老年人比重影响企业社会保险成本，而企业社保成本的变动对企业雇佣、投资以及利润水平产生影响。根据本书的理论分析，城市老年人比重影响企业社会保险成本的机制是通过影响城市社会保险费率，进而影响企业社保成本。本节将实证检验是否确实存在这样一条影响路径，并排除城市老年人比重通过其他途径影响企业社保成本的可能性。本节首先使用城市样本分析老年人口比重与城市社会保险费率之间的关系，回归分析结果如表4-8所示。表4-8的第1列是加入一组城市经济发展状况变量，但没有控制地区和年度效应的回归，第2列是考虑了地区和年度效应的回归，第3列为增加考虑城市所处省份物价水平变动的影响，第4列增加控制2004年效应的变量①，第5列和第6列分别将Oldratio替换为变量Ageratio20_ 59和Ageratio0_ 59，即20~59岁年龄段人数所占比重以及0~59岁年龄段人数所占比重。

表4-8　老年人比重对社会保险费率的影响：城市层面回归

变量	因变量：SC_ city					
	（1）	（2）	（3）	（4）	（5）	（6）
Oldratio	0. 243 ***	0. 284 ***	0. 283 ***	0. 154 **	—	—
	（0. 0699）	（0. 0717）	（0. 0716）	（0. 0673）		
Ageratio20_ 59	—	—	—	—	- 0. 0812	
					（0. 0654）	
Ageratio0_ 59	—	—	—	—	—	- 0. 112 ***
						（0. 0420）
Lnminiwage	- 0. 0111 **	0. 00624	0. 00589	- 0. 00984 ***	- 0. 00145	- 0. 00013
	（0. 00453）	（0. 00407）	（0. 00408）	（0. 00327）	（0. 00373）	（0. 0034）

---

① 该变量为2004年虚拟变量×Lnminiwage，用于度量2004年之后劳动用工成本上涨的影响。2004年起《最低工资规定》开始实施，全国各省份对最低工资制度的执行力度显著加强，多次上调最低工资标准，推动劳动用工成本持续上涨。

续表

变量	因变量：SC_ city					
	（1）	（2）	（3）	（4）	（5）	（6）
Lncity_ emp	0.0108 **	0.00696	0.00700	0.00593	0.00399	0.00511
	(0.00540)	(0.00497)	(0.00497)	(0.00489)	(0.00529)	(0.00521)
Lncity_ wage	0.00838 **	0.0158 ***	0.0160 ***	0.00966	0.0186 ***	0.0140 ***
	(0.00332)	(0.00479)	(0.00474)	(0.00604)	(0.00616)	(0.00524)
Lngdp	− 0.00550	− 0.00216	− 0.00221	− 0.00095	0.00022	− 0.00029
	(0.00491)	(0.00473)	(0.00472)	(0.00419)	(0.0052)	(0.00493)
Lnfdi	− 0.00126 *	− 0.00048	− 0.00047	− 0.00031	0.00037	− 0.00046
	(0.00074)	(0.00062)	(0.00062)	(0.00048)	(0.00085)	(0.0007)
CPI	—	—	0.0831	0.0152	0.137 *	0.0603
			(0.0657)	(0.0429)	(0.0813)	(0.0698)
Effect2004	—	—	—	− 0.00313	− 0.00069	0.00302
				(0.00531)	(0.00410)	(0.00431)
地区效应	无	有	有	有	有	有
年度效应	无	有	有	有	有	有
观测值	2093	2093	2093	2093	2093	2093
R^2	0.147	0.339	0.340	0.649	0.238	0.274

注：括号内为稳健标准误，＊表示 $p < 0.10$，＊＊表示 $p < 0.05$，＊＊＊表示 $p < 0.01$。

从表4－8可以看到，在第1~4列中，主要解释变量老年人比重的系数始终显著为正，说明较高的老年人比重将导致较高的社会保险费率。从经济显著性衡量，如果一个城市的老年人比重高于另一个城市1个单位标准差（0.037），则该城市社会保险费率将比对方城市高0.011，相当于城市社会保险费率标准差的31%，即城市社会保险费率的差异有31%部分可以由该城市的老年人比重差异所解释。第5列和第6列考察其他年龄段人口比重对城市社会保险费率的影响，如果确实是因为城市老年人比重高，导致城市社会保险财政支出压力较大，引起城市社会保险费率上升，那么其他年龄段的人口比率变化应与城市社会保险费率无关，或没有显著为正的效应。而如果变量 Ageratio20_ 59 和 Ageratio0_ 59 的系数也显著为正，那么第 1~4 列的估计结果也许只是反映出某种城市人口结构变动趋势的共同效应，而非只是老年人比重上升导致的影响。实际上，第 5 列和第 6 列的回归结果显示 Ageratio20_ 59 的系数不显著，Ageratio0_ 59 的系数显著为负，说明城市老年人比重对城市社会保险费率的影响主要源于城市的社会保险财政收支压力，而非其他的人口结构变动效应[①]。

从表 4-8 的实证检验已经得知，城市老年人比重通过影响城市社会保险费率而影响到企业社会保险成本（正向作用）。但目前仍不能排除老年人比重通过其他未知渠道或直接对企业社保成本产生正向效应的可能性。为了检验是否存在老年人比重对企业社保成本的其他影响机制，本部分接着设计了一个实证检验策略：在对企业社保成本 SC 回归时，计量回归方程中同时加入城市社会保险费率（SC_ city）和老年人比重（Oldratio），如果老年人比重通过直接或其他间接渠道促进企业社保成本的上升，那么 Oldratio 的系数应该显著为正；如果不存在这样的渠道，那么 Oldratio 的系数应该不显著。这个实证策略有效的前提是 SC_ city 也是外生的，如果 SC_ city 不是外生的，那么计量回归方程的估计是有偏误的，实证检验的结论也不可相信[②]。实证检验结果在表 4-9 中。当 SC_ city 和 Oldratio 单独出现在计量回归方程时，系数估计值均显著为正，即会增加企业的社保成本。而当 SC_ city 和 Oldratio 同时出现在计量回归方程时（第 3 列和第 6 列），SC_ city 的系数估计值均显著为正。在

---

① 本书的第 6 章将正式分析老年人比重对城市财政压力的影响。

② 本节此处的实证检验思路受到 Acemoglu 等（2001）中排除性检验的启发，Acemoglu 等（2001）也指出此类检验的前提是影响机制涉及各环节的中间变量具有外生性，如果中间变量没有外生性，则排除性检验无效。

没有控制企业和行业特征变量时，Oldratio 的系数估计值显著为负；在控制了企业和行业特征变量之后，Oldratio 的系数估计值则变得不显著了。这在一定程度上说明工具变量老年人比重对企业社保成本的影响渠道主要是促使城市社会保险费率提高，除此之外很难找到其他的直接或间接影响机制。

表 4 - 9　城市社会保险费率影响企业社会保险成本的排除性检验

变量	因变量：SC					
	（1）	（2）	（3）	（4）	（5）	（6）
SC_ city	0. 211 ***	—	0. 223 ***	0. 154 ***	—	0. 159 ***
	（0. 00484）		（0. 00622）	（0. 00525）		（0. 00684）
Oldratio	—	0. 117 ***	- 0. 0256 ***	—	0. 114 ***	- 0. 00983
		（0. 00432）	（0. 00735）		（0. 00506）	（0. 00781）
Cashratio	—	—	—	0. 00074	0. 00412 ***	0. 00068
				（0. 00085）	（0. 00073）	（0. 00085）
Debt	—	—	—	0. 0127 ***	0. 0125 ***	0. 0127 ***
				（0. 00079）	（0. 00076）	（0. 00079）
Salegrow	—	—	—	- 0. 00508 ***	- 0. 00543 ***	- 0. 00505 ***
				（0. 00018）	（0. 00016）	（0. 00018）
Unionrate	—	—	—	0. 0800 ***	0. 0775 ***	0. 0800 ***
				（0. 00071）	（0. 00061）	（0. 00071）
State	—	—	—	0. 00612 ***	0. 00723 ***	0. 00610 ***
				（0. 00093）	（0. 00079）	（0. 00093）
Private	—	—	—	- 0. 0269 ***	- 0. 0252 ***	- 0. 0268 ***
				（0. 00087）	（0. 00075）	（0. 00087）
Small	—	—	—	- 0. 00110	- 0. 00192	- 0. 00118
				（0. 00279）	（0. 00251）	（0. 00280）
Med	—	—	—	- 0. 00701 **	- 0. 0105 ***	- 0. 00711 ***
				（0. 00273）	（0. 00246）	（0. 00274）
Large	—	—	—	0. 0108 ***	0. 00388	0. 0106 ***
				（0. 00277）	（0. 00250）	（0. 00278）

续表

变量	因变量：SC					
	（1）	（2）	（3）	（4）	（5）	（6）
Indsalegrow	—	—	—	-0.00108***	-0.00085***	-0.00107***
				(0.00018)	(0.00016)	(0.00018)
Indebt	—	—	—	-0.170***	-0.162***	-0.170***
				(0.00713)	(0.00611)	(0.00714)
Open	—	—	—	-0.00786***	-0.0116***	-0.00782***
				(0.00087)	(0.00073)	(0.00087)
Tech	—	—	—	0.0177***	0.0167***	0.0177***
				(0.00062)	(0.00053)	(0.00062)
Lowtech	—	—	—	-0.00546***	-0.00503***	-0.00542***
				(0.00062)	(0.00052)	(0.00062)
地区/年度效应	有	有	有	有	有	有
观测值	1158858	1626443	1157023	668552	909660	667492
R^2	0.008	0.006	0.008	0.104	0.097	0.104

注：括号内为稳健标准误，*表示 $p<0.10$，**表示 $p<0.05$，***表示 $p<0.01$。

4.3.4 稳健性检验

本部分将考察与工具变量城市老年人比重相联系的变量城市抚养比对企业雇佣、投资和利润水平的影响。如果本书理论分析以及本章选取工具变量的逻辑是正确的，那么使用城市老年抚养比作为工具变量进行两阶段最小二乘法估计得到的结果应该与老年人比重作为工具变量的结果基本相同。同时，根据理论机制分析人口老龄化促使社会保险费率上升，所以总抚养比和少儿抚养比很可能不会引起社会保险费率的上升，因而不是合适的工具变量。针对以上两个推断做了相应的实证检验，结果列在表4-10中，第1列至第3列是以总抚养比（DR）为工具变量的估计结果，第4至6列是以少儿抚养比（CDR）为工

表 4－10 企业社会保险成本变动的经济后果：城市抚养比为工具变量

		(1)	(2)	(3)	(4)	(5)	(6)	(7)	(8)	(9)
第一阶段回归					因变量：SC					
DR		-0.004** 0.0019	-0.004* 0.0019	-0.005*** 0.0019	—	—	—	—	—	—
CDR		—	—	—	-0.045*** 0.0027	-0.045*** 0.0027	-0.048*** 0.0027	—	—	—
ODR		—	—	—	—	—	—	0.080*** 0.0035	0.084*** 0.0035	0.083*** 0.0034
控制变量		有	有	有	有	有	有	有	有	有
F 统计量		5.09**	3.17*	7.13***	278.26***	272.86***	314.63***	531.75***	575.88***	574.16***
R²		0.088	0.088	0.089	0.089	0.089	0.089	0.089	0.089	0.089
第二阶段回归		Employ (1)	INV (2)	ROA (3)	Employ (4)	INV (5)	ROA (6)	Employ (7)	INV (8)	ROA (9)
SC		0.196* (0.105)	15.69* (8.989)	1.144* (0.629)	0.0273*** (0.00681)	1.548*** (0.183)	0.123* (0.0646)	-0.00771 (0.00608)	-0.684*** (0.129)	-0.119** (0.0511)
Cashratio		-0.00294* (0.00169)	0.00475 (0.0361)	-0.0752*** (0.00983)	-0.00026 (0.00018)	0.0566*** (0.00366)	-0.0594*** (0.00156)	0.00029 (0.00017)	0.0648*** (0.00336)	-0.0557*** (0.00141)
Debt		-0.00172* (0.00098)	-0.288* (0.149)	-0.0438*** (0.00573)	-0.000154 (0.00011)	-0.0532*** (0.00412)	-0.0346*** (0.00091)	0.00017 (0.0001)	-0.0162*** (0.00326)	-0.0325*** (0.00082)
Salegrow		0.00064 (0.00049)	0.0751* (0.0426)	0.0212*** (0.00306)	-0.00015 (0.00004)	0.00815*** (0.00122)	0.0162*** (0.00039)	-0.00031*** (0.00003)	-0.00242*** (0.00102)	0.0150*** (0.00035)
Unionrate		-0.0167** (0.00799)	-1.237* (0.680)	-0.111* (0.0479)	-0.0039*** (0.00052)	-0.168*** (0.0139)	-0.0329*** (0.00495)	-0.00125*** (0.00045)	0.00084 (0.0094)	-0.0146*** (0.00394)
State		0.00032 (0.00119)	-0.144 (0.0987)	-0.00991 (0.00743)	0.00220*** (0.00011)	0.00977*** (0.00303)	0.00197 (0.00121)	0.00259*** (0.0001)	0.0341*** (0.00236)	0.00478*** (0.00112)

续表

第二阶段回归	Employ (1)	INV (2)	ROA (3)	Employ (4)	INV (5)	ROA (6)	Employ (7)	INV (8)	ROA (9)
Private	0.00759*** (0.0025)	0.421* (0.219)	0.0421*** (0.0149)	0.00359*** (0.00018)	0.0769*** (0.00491)	0.0180*** (0.00178)	0.00276*** (0.00016)	0.0226*** (0.00365)	0.0123*** (0.00149)
Small	-0.00077 (0.00053)	-0.0224 (0.0398)	0.00563 (0.00392)	-0.00075*** (0.00021)	-0.0134* (0.00728)	0.00614** (0.00263)	-0.00075*** (0.00020)	-0.0119 (0.00627)	0.00625** (0.00259)
Med	0.00242** (0.00096)	0.134* (0.0791)	0.0177*** (0.00607)	0.00112*** (0.00022)	0.0263*** (0.00730)	0.0101*** (0.00261)	0.00085*** (0.00021)	0.00930 (0.00625)	0.00827*** (0.00256)
Large	-0.0002 (0.00106)	-0.121 (0.0844)	-0.0101 (0.00684)	0.00128*** (0.00023)	-0.00303 (0.00736)	-0.00091 (0.00266)	0.00159*** (0.00022)	0.0157** (0.00630)	0.00126 (0.00260)
Indsalegrow	-0.00008* (0.000047)	-0.00678 (0.00447)	-0.00011 (0.00033)	-0.000039* (0.000018)	-0.00159** (0.00078)	0.00008 (0.00022)	-0.00003* (0.000017)	-0.00077 (0.00073)	0.00019 (0.00022)
Indebt	0.0169 (0.0107)	1.642* (0.959)	0.107* (0.0639)	-0.00012 (0.00084)	0.142* (0.0277)	0.00409 (0.00893)	-0.00365*** (0.00078)	-0.0944*** (0.0221)	-0.0201** (0.00782)
Open	0.00374** (0.0016)	0.224 (0.136)	0.00638 (0.00968)	0.00120*** (0.00013)	0.00966*** (0.0034)	-0.00926*** (0.00132)	0.00067*** (0.00012)	-0.0241*** (0.00258)	-0.0129*** (0.00117)
Tech	-0.00334* (0.00173)	-0.252* (0.146)	-0.0198* (0.0105)	-0.00058*** (0.00012)	-0.0226** (0.00338)	-0.00282** (0.00123)	-0.000008 (0.000112)	0.0135*** (0.00250)	0.00119 (0.00101)
Lowtech	0.0008 (0.00064)	0.0934* (0.0556)	0.00513 (0.00384)	-0.00021*** (0.000072)	0.00691*** (0.00204)	-0.00095 (0.00072)	-0.000418*** (0.00007)	-0.00674*** (0.00173)	-0.00239*** (0.00068)
地区/年度效应	有	有	有	有	有	有	有	有	有
观测值	962848	937590	967532	962848	937590	967532	962848	937590	967532
R²	①	—	—	—	—	0.004	0.010	0.018	0.027

注：括号内为稳健标准误，*表示 p<0.10，**表示 p<0.05，***表示 p<0.01。

① 需要指出在工具变量的 2SLS 回归中 R² 计算方法与 OLS 有所差异，R² 可以为负，这时 Stata 报告为缺失值，但这并不影响系数估计的一致性，也不影响因果推断的结论，以下的 2SLS 回归中也会遇到类似情况。

具变量的估计结果，第 7 列至第 9 列是以老年抚养比（ODR）为工具变量的估计结果。从第一阶段回归结果可以看到，第 1 列至第 3 列的总抚养比回归系数均显著为负，且 F 统计量低于 10；而第 4 列至第 9 列中，虽然 F 统计量均大于10，但少儿抚养比的回归系数仍是显著为负的；而老年抚养比的系数显著为正，且 F 统计量是三个工具变量中最大的。从第二阶段回归结果看，也与预期一致：只有以老年抚养比为工具变量得到的回归结果与以老年人比重为工具变量的结果一致，其余两个工具变量回归得到的结果均难以得到合理的解释。表4－11 同样给出城市老年抚养比影响企业社保成本的机制排除检验。从表4－11可以看到，当计量回归方程中同时加入 SC_ city 和 ODR 时，SC_ city 显著为正而 ODR 仅有比较弱的显著性（控制了企业及行业特征之后），这也再次提供了经验证据，说明城市老龄人口结构变化引起企业社会保险成本变动的主要渠道是促使城市社会保险费率上升。但是从老年抚养比（ODR）的排除性检验估计结果可以发现，相对于老年人比重（Oldratio），老年抚养比（ODR）比较弱的负显著系数意味着 ODR 仍可能通过某种尚未知晓的渠道与企业社保成本相联系，从工具变量的外生性角度看，Oldratio 相对而言更为理想。

表 4－11　城市老年抚养比影响企业社会保险成本的排除性检验

变量	因变量：SC			
	(1)	(2)	(3)	(4)
SC_ city	—	0. 221 ***	—	0. 159 ***
		(0. 00575)		(0. 00639)
ODR	0. 0514 ***	− 0. 0270 ***	0. 0617 ***	− 0. 0086 *
	(0. 00277)	(0. 00453)	(0. 0032)	(0. 0049)
Cashratio	—	—	0. 00419 ***	0. 00088
			(0. 00073)	(0. 00086)
Debt	—	—	0. 0128 ***	0. 0128 ***
			(0. 00077)	(0. 0008)

续表

变量	因变量：SC			
	（1）	（2）	（3）	（4）
Salegrow	—	—	− 0.00543 ***	− 0.00504 ***
			(0.00016)	(0.00018)
Unionrate	—	—	0.0769 ***	0.0792 ***
			(0.00062)	(0.00072)
State	—	—	0.00692 ***	0.00591 ***
			(0.0008)	(0.00093)
Private	—	—	− 0.0253 ***	− 0.0268 ***
			(0.00075)	(0.00087)
Small	—	—	− 0.00205	− 0.00130
			(0.00254)	(0.00282)
Med	—	—	− 0.0104 ***	− 0.00689 **
			(0.00249)	(0.00276)
Large	—	—	0.00389	0.0110 ***
			(0.00253)	(0.00281)
Indsalegrow	—	—	− 0.0008 ***	− 0.00099 ***
			(0.00016)	(0.00019)
Indebt	—	—	− 0.160 ***	− 0.170 ***
			(0.00620)	(0.00724)
Open	—	—	− 0.0117 ***	− 0.00777 ***
			(0.00073)	(0.00087)
Tech	—	—	0.0171 ***	0.0180 ***
			(0.00053)	(0.00062)
Lowtech	—	—	− 0.00506 ***	− 0.00544 ***
			(0.00052)	(0.00062)
地区效应	有	有	有	有
年度效应	有	有	有	有
观测值	1601825	1138068	897329	658088
R^2	0.005	0.007	0.096	0.102

注：括号内为稳健标准误，＊表示 $p < 0.10$，＊＊表示 $p < 0.05$，＊＊＊表示 $p < 0.01$。

综合而言，以城市老年抚养比作为工具变量得到的 2SLS 估计结果与此前实证检验基本一致，机制排除性检验得到的结论也基本相同，说明理论分析中所构建的企业社保成本影响机制以及基于该理论机制的工具变量选取是合理的，得到的结论是稳妥可靠的。同时，也可以看到，如果以 F 统计量的大小为标准，再考虑到排除性检验中 ODR 系数估计值的显著程度，城市老年人比重是比城市老年抚养比更为理想的工具变量。

4.4　本章小结

本章实证研究企业社会保险成本变动对企业雇佣、投资以及利润水平的影响，验证了理论分析得到的结论①和结论②。由于计量回归分析方程中可能存在三种内生性问题，因此选择城市老年人比重作为工具变量进行 2SLS 估计。工具变量估计结果显示企业社会保险成本上升 1 个单位标准差，引起企业投资率减少 5.32% ~ 6.45%，可以解释企业投资变动中至少 10% 以上部分；同时，也使企业的资产利润率出现比较显著的下降。但企业社会保险成本变动对雇佣率没有显著作用，其原因在于企业工资可以比较灵活地调整，社保成本上升引起工资水平下降，导致就业保持不变。本章还做了影响机制排除性检验，发现城市老年人比重主要通过影响城市的社会保险费率进而影响企业社会保险成本，其他直接或间接的影响渠道基本不存在。本章的最后一部分还使用城市老年抚养比作为工具变量重新进行 2SLS 估计，发现得到的结论与此前实证检验结果基本一致，说明实证检验是稳妥可靠的。

研究结论表明企业社会保险成本对实体经济有重要的实质影响，社保成本的增加会减少企业投资和利润，制约了企业未来的可持续发展。如果微观上企业因成本负担过重而无力进行投资，那么宏观上表现出来的后果就是该地区实体经济发展停滞不前，企业整体的成长机会较少，经营状况不佳，最终导致地区经济失去活力，从而陷入困境。

第5章 企业社会保险成本变动的异质性效应

第4章的研究集中于识别企业社会保险成本对企业所带来的经济后果，即系统考察企业社保成本变动对企业投资、利润与雇佣的影响，忽视了企业异质性因素。可以合理地推测对于不同特征类型的企业，社会保险成本变动带来的后果很可能存在很大程度的差异，通过观测异质性企业的经济反应，能够更透彻地了解影响社保成本变动效应的关键要素，所以有必要专门考察异质性企业的经济反应。本章重点考察三类异质性因素：行业类型、规模以及工会性质，通过对三类子样本的 2SLS 估计，总结归纳其中的共性特征和模式，接着进一步分析异质性效应产生的原因。通过对异质性企业的实证检验，可以使人们更为全面深入地认识和理解企业社会保险成本变动的经济后果，有助于政府部门在出台相关政策时更具针对性，避免出现"一刀切"的现象。

5.1 异质性效应检验

5.1.1 行业异质性效应检验

本部分将行业分为劳动密集型、技术密集型以及介于两者之间的中间行业。一般而言，劳动密集型行业的主要生产要素是劳动，需要较多劳动力投入，其生产经营规模的扩大也需要相应的劳动投入；而技术密集型行业主要依靠技术要素投入及少数技术水平较高的人才，企业愿意支付较高劳动报酬和福利待遇，其生产经营规模的扩大更依赖于技术和设备投入。因而劳动密集型行业对于企业社会保险成本的变动比较敏感，其劳动需求可能下降，投资相应减少，而技术密集型行业相对敏感度较低，其劳动需求和投资受到影响程度较轻。中间行业既有一定的劳动密集度，对劳动投入的需求高于技术密集型行业；同时也有一定的技术进入门槛，对技术投入的需求程度高于劳动密集型行业。当社会保险成本上升时，中间行业劳动需求和投资水平的下降程度可能不如劳动密集型行业，但会明显大于技术密集型行业。相比企业的劳动需求和投资，社会保险成本变动对企业利润的影响方向更为复杂，需要综合比较要素投入减少的成本节省效应以及产出减少导致的利润下降效应。对于劳动投入程度比较高的劳动密集型行业和中间行业，如果企业社会保险成本的上升能够显著降低劳动需求，进而引起工资的下降，那么工资成本的节约效应可能抵消社保成本上升的负面效应，对企业整体利润率没有影响；反之，如果劳动需求没有显著下降，企业社保成本上升必然引起企业利润率下降。但对于技术密集型行业，因其要素投入和产出对劳动投入的依赖程度较低，故而社会保险成本变动对其利润水平也没有显著影响。

　　根据以上分析推断，本部分将对劳动密集型行业、中间行业以及技术密集型行业的分组样本分别做 2SLS 估计，所使用的计量回归方程、因变量、解释变量以及工具变量均与第 4 章相同，此处不再重复。需要特别说明的是行业类型的划分：工业企业数据库中按照行业二位数代码，共分为 41 个行业，本书中的劳动密集型行业包括农副食品加工业、食品制造业、饮料制造业、纺织业、服装鞋帽制造业、皮革毛皮羽毛（绒）及其制品业、木材加工及木竹藤棕草制品业、家具制造业、橡胶制品业、塑料制品业、工艺品制造业、废弃资源和废旧材料回收加工业；技术密集型行业包括通信设备、计算机及其他电子设备制造业、石油加工炼焦及核燃料加工业、化学原料及化学制品制造业、医药制造业、化学纤维制造业、通用设备制造业、专用设备制造业、交通运输设备制造业、电气机械及器材制造业、仪器仪表及文化办公用机械制造业；其余行业归为中间行业。此处对行业类型的划分是根据行业的特征和性质进行的，主要是参考了世界银行的分类标准（Almeida 和 Aterido，2010）[①]。

　　行业异质性效应的估计结果显示在表 5 – 1 中，可以看到三种行业分组样本中关键解释变量企业社会保险成本（SC）的系数估计值体现出较为明显的差异：在劳动密集型行业样本组中，社会保险成本对企业雇佣率和投资率的回归

　　[①] 笔者还根据鲁桐和党印（2014）所建议的聚类分析方法重新划分行业类型。用于聚类的两个变量是：劳动密集度，即职工人数/固定资产总值；研发支出比重，即研发支出总额/应付职工工资总额。首先计算两个聚类变量的行业均值，然后分别使用划分方法（Kmeans）和层次方法（Ward's linkage）将全部 41 个行业归并为三类。笔者发现使用两种聚类方法得到的分类结果高度一致，一组有较高研发比重以及较低劳动密集度，可以视为技术密集型行业；另外一组有较低研发比重以及较高劳动密集度，可视为劳动密集型行业；其余行业可以视为中间行业。相对于本书原来的划分结果，聚类分析法得到的技术密集型行业与劳动密集型行业划分范围稍窄一些，中间行业的范围更大一些。笔者使用聚类划分结果重新进行回归估计，发现得到的结果与此前基本一致。考虑到工业企业数据库中研发数据缺失比较严重，可能影响聚类划分的准确性，因而还是采用原来的行业划分结果。

表 5 - 1　企业社会保险成本变动的行业异质性效应

变量	劳动密集型行业			中间行业			技术密集型行业		
	Employ (1)	INV (2)	ROA (3)	Employ (4)	INV (5)	ROA (6)	Employ (7)	INV (8)	ROA (9)
SC	-0.0256*	-0.684***	-0.140	0.00123	-0.619***	-0.195**	0.00273	-0.151	-0.0375
	(0.0140)	(0.254)	(0.0984)	(0.00955)	(0.237)	(0.0902)	(0.00535)	(0.121)	(0.0473)
Cashratio	0.00078**	0.0702***	-0.0548***	-0.00029*	0.0608***	0.0288***	-0.00131***	0.0581***	0.0294***
	(0.000370)	(0.00545)	(0.00243)	(0.00017)	(0.00615)	(0.00226)	(0.00018)	(0.00569)	(0.00201)
Debt	0.00045**	-0.0147**	-0.0320***	0.00071**	-0.0176***	-0.0812***	0.00055***	-0.0264***	-0.0935***
	(0.00022)	(0.00703)	(0.00142)	(0.0003)	(0.00465)	(0.00616)	(0.00019)	(0.00474)	(0.00274)
Salegrow	-0.00042***	-0.00222	0.0155***	-0.00029*	0.000008	0.0126***	-0.00019*	-0.00119	0.0158***
	(0.000067)	(0.00166)	(0.00062)	(0.00005)	(0.00183)	(0.00058)	(0.000037)	(0.00155)	(0.00048)
Unionrate	-0.00067	-0.00727	-0.0159***	-0.00170*	0.0143	-0.00559	-0.00178*	-0.0506***	-0.0184***
	(0.00088)	(0.0163)	(0.00636)	(0.00077)	(0.0195)	(0.00740)	(0.00042)	(0.0101)	(0.00394)
State	0.00254***	0.0301***	0.0120***	0.00309***	0.0349***	0.0149***	0.00201***	0.0271***	-0.00215
	(0.00016)	(0.00336)	(0.00163)	(0.00018)	(0.00496)	(0.00231)	(0.00012)	(0.00328)	(0.00155)
Private	0.00278***	0.0236***	0.0188***	0.00319***	0.0206**	0.0169***	0.00240***	0.0362***	0.0118***
	(0.00036)	(0.00687)	(0.0027)	(0.00030)	(0.00738)	(0.00313)	(0.00017)	(0.00408)	(0.00175)
Small	-0.00049	-0.00081	0.00547	-0.00148**	-0.0258*	0.00489	-0.00051*	-0.0130	0.00997**
	(0.00034)	(0.0115)	(0.00457)	(0.00044)	(0.0117)	(0.00481)	(0.00029)	(0.00892)	(0.00389)

续表

变量	劳动密集型行业			中间行业			技术密集型行业		
	Employ (1)	INV (2)	ROA (3)	Employ (4)	INV (5)	ROA (6)	Employ (7)	INV (8)	ROA (9)
Med	0.00170***	0.00952	0.00472	-0.00009	-0.00773	0.00881*	0.00052*	0.0203**	0.0156***
	(0.00040)	(0.0120)	(0.00473)	(0.00045)	(0.0118)	(0.00479)	(0.00029)	(0.00879)	(0.00380)
Large	0.00317***	0.00737	-0.00233	0.00035	0.00150	0.00446	0.00030	0.0185*	0.00804**
	(0.00038)	(0.0118)	(0.00466)	(0.00046)	(0.0118)	(0.00486)	(0.00035)	(0.00945)	(0.00404)
Indsalegrow	0.00011**	-0.000004	-0.00022	0.000015	-0.00193	0.00019	-0.000096***	0.00076	-0.00019
	(0.00005)	(0.00163)	(0.00049)	(0.00003)	(0.00137)	(0.00041)	(0.000036)	(0.00104)	(0.00035)
Indebt	-0.00109	-0.0493	-0.0185	-0.00296**	-0.106***	-0.0152	-0.00342***	-0.0497	0.0283**
	(0.00141)	(0.0389)	(0.0134)	(0.00147)	(0.0405)	(0.0151)	(0.00081)	(0.0320)	(0.0115)
Open	0.00053**	-0.0238***	-0.0135***	0.00134***	-0.0258***	-0.0132***	0.00061***	-0.0129***	-0.0104***
	(0.00021)	(0.00393)	(0.00180)	(0.00024)	(0.00577)	(0.00259)	(0.00012)	(0.00308)	(0.00146)
地区/年度效应	有	有	有	有	有	有	有	有	有
观测值	340423	332842	342503	284357	276117	285726	351870	341892	353087
R^2	—	—	0.028	0.006	—	0.031	0.006	0.005	0.052

注：括号内为稳健标准误，*表示 $p<0.10$，**表示 $p<0.05$，***表示 $p<0.01$。

系数显著为负，对利润率的回归系数不显著；在中间行业样本组中，社会保险
成本对雇佣率的回归系数不显著，但对投资率和利润率的回归系数显著为负；
在技术密集型行业样本组中，社会保险成本对雇佣率、投资率以及利润率的回
归系数均不显著。从表 5-1 可知，社会保险成本的变动主要体现于劳动用工
成本的变化，即企业社保成本的上升主要影响在于促使劳动用工成本提高，因
此劳动密集度比较高的行业所受到的影响更大，但对技术密集型行业的影响不
明显。同时也可以看到，劳动密集型行业和中间行业的企业雇佣率与利润率之
间存在着相互替代关系：如果企业雇佣率显著下降，则利润率没有明显变化；
如果企业雇佣率没有变化，则该企业的利润率将显著减少。这符合本节第一段
所做的推断，也与近年来国内对《劳动合同法》实施效果研究的结论一致，
国家政策造成企业劳动用工成本提高，受到冲击最大的是劳动密集度比较高的
行业（唐跃军和赵武阳，2009；廖冠民和陈燕，2014）。

5.1.2　规模异质性效应检验

本节将重点考察企业社会保险成本变动对规模程度不同的企业是否具有异
质性影响。将全部企业样本按照规模分为小微企业样本组[①]和大型企业样本
组，然后分别进行结果变量对企业社会保险成本的 2SLS 回归估计，为确保规
模效应不受到行业特征的影响，本部分在计量回归方程中加入了表示技术密集
型行业以及劳动密集型行业的虚拟变量（Tech 和 Laborind）。表 5-2 的回归结
果显示，企业社会保险成本变动对大型企业的影响更为显著，在大型企业样本
组的回归中，企业社会保险成本（SC）对企业雇佣率、投资率以及资产利润
率均具有显著为负的影响。但在小微企业样本组的回归中，企业社会保险成本

---

① 本节将微型企业和小型企业合并为一组，微型和小型的定义见第 4 章。

（SC）对雇佣率的回归系数显著为正，对投资率的回归系数不显著，对利润率的回归系数显著为负。通常认为小微企业与大型企业相比，其各方面实力应该更弱，抵御外来冲击的能力似乎更低，更容易受到社会保险成本变动的影响；大型企业实力雄厚，抵御外来冲击能力强，似乎不易受到社会保险成本变动的冲击。但表 5 - 2 呈现的结果却显示在大型企业样本组中，社会保险成本变动对企业雇佣率和投资率的影响程度更显著于小微企业，大型企业更容易受到负面冲击的影响，这与常理不符，多少会令人困惑，本章将在第二部分对此结果给出一个尝试性的解释。

表 5 - 2　企业社会保险成本变动的规模异质性效应

变量	小微企业			大型企业		
	Employ	INV	ROA	Employ	INV	ROA
	（1）	（2）	（3）	（4）	（5）	（6）
SC	0. 285 ***	0. 126	- 1. 562 **	- 0. 0720 ***	- 0. 693 ***	- 0. 121 **
	(0. 102)	(1. 095)	(0. 710)	(0. 00874)	(0. 116)	(0. 0489)
Cashratio	- 0. 00265 **	0. 0568 ***	0. 0337 ***	- 0. 00058 *	0. 0577 ***	0. 0369 ***
	(0. 00112)	(0. 0115)	(0. 00767)	(0. 00035)	(0. 00632)	(0. 00239)
Debt	- 0. 00222 ***	- 0. 0134 *	- 0. 0910 ***	- 0. 00189 ***	- 0. 0422 ***	- 0. 0994 ***
	(0. 00074)	(0. 00798)	(0. 00489)	(0. 00028)	(0. 00557)	(0. 00207)
Salegrow	0. 00039	0. 0119 ***	0. 0184 ***	- 0. 00079 ***	- 0. 00778 ***	0. 00884 ***
	(0. 00029)	(0. 00391)	(0. 00205)	(0. 00008)	(0. 00151)	(0. 00055)
Unionrate	- 0. 0159 ***	- 0. 0241	0. 0753 *	0. 00360 ***	0. 00729	- 0. 0160 ***
	(0. 00572)	(0. 0622)	(0. 0400)	(0. 00083)	(0. 0115)	(0. 00481)
State	0. 00446 ***	0. 0286 ***	0. 0179 ***	0. 00377 ***	0. 0310 ***	- 0. 00447 **
	(0. 00079)	(0. 00558)	(0. 00530)	(0. 0003)	(0. 00457)	(0. 00210)
Private	0. 0115 ***	0. 0379	- 0. 00862	0. 00049	0. 0197 ***	0. 00391 *
	(0. 00304)	(0. 0323)	(0. 0214)	(0. 00031)	(0. 00483)	(0. 00208)

续表

变量	小微企业			大型企业		
	Employ	INV	ROA	Employ	INV	ROA
	（1）	（2）	（3）	（4）	（5）	（6）
Indsalegrow	0.00112***	0.00147	−0.00559**	−0.00015***	0.00141	0.00093**
	(0.00037)	(0.00414)	(0.00258)	(0.00004)	(0.00118)	(0.00037)
Indebt	0.0330**	−0.0339	−0.132	−0.00873***	0.00363	−0.00323
	(0.0141)	(0.148)	(0.0972)	(0.00156)	(0.0310)	(0.0115)
Open	−0.00135	−0.0108**	−0.0157***	−0.00029	−0.0316***	−0.0183***
	(0.00084)	(0.00535)	(0.00534)	(0.00022)	(0.00355)	(0.00169)
Tech	−0.00066	−0.00073	0.00471	0.00093***	0.0107***	0.00155
	(0.00058)	(0.0056)	(0.00393)	(0.00024)	(0.00363)	(0.00152)
Laborind	−0.00026	0.00614	−0.00239	−0.00120***	−0.0205***	−0.00758***
	(0.00053)	(0.00524)	(0.00349)	(0.00018)	(0.00329)	(0.00133)
地区效应	有	有	有	有	有	有
年度效应	有	有	有	有	有	有
观测值	105902	99230	105999	260739	258346	262918
R^2	—	0.01	—	—	—	0.05

注：括号内为稳健标准误，*表示 $p < 0.10$，**表示 $p < 0.05$，***表示 $p < 0.01$。

5.1.3 工会异质性效应检验

工会是劳动市场中重要的制度性因素，已有的经验研究证明我国工会能够通过集体行动显著提高职工工资和福利水平，并有效扩大企业职工养老保险覆盖面（Yao 和 Zhong，2013）。Lu 等（2010）、魏下海等（2015）的研究显示，我国企业中工会的存在有助于劳资双方签订长期劳动合同或正式劳动合同，促进劳资关系的和谐。由此可见，工会对我国企业的劳动用工状况有着重要影响，有工会组织的企业与没有工会组织的企业可能在劳动资源配置效率方面存在较大差异。因此，有必要考察两类企业对于社会保险成本变动是否具有异质性反应。

　　在工业企业数据库中，只有若干年度报告工会数据。2004 年报告了企业是否成立工会、工会人数的情况，2004 年、2011 年和 2012 年的数据中报告了企业工会经费数额。值得指出的是，2004 年的数据为经济普查数据，比较全面准确。考虑到工会是一种比较刚性的组织体制，一旦设立很难撤销，因此本书将工会企业定义为：如果在 2004 年度存在工会或者在样本期间有工会经费支出（大于 0），则认定该企业为工会企业；如果在样本期内没有报告存在工会，也没有工会人数或工会经费支出，则定义为非工会企业。按照这个定义，全部样本中 40% 以上的企业属于非工会企业。

　　分组检验的结果如表 5 - 3 所示，可以看到工会和非工会企业的企业社会保险成本（SC）系数估计结果存在较大的差异，社会保险成本变动对于工会企业的影响更为强烈，社保成本对工会企业雇佣率和投资率的回归系数显著为负，意味着当社保成本上升时，有工会组织的企业将会显著减少雇佣和投资水平。表 5 - 3 显示了工会企业的利润水平并没有出现显著变化，可以合理地归因于工会企业劳动投入的显著下降。非工会企业的分组估计结果显示，企业社会保险成本上升能够显著提高企业雇佣率，但会显著减少利润率，而对投资水平没有显著影响。从表 5 - 3 可以看到，在工会企业和非工会企业中，社会保险成本变动对企业雇佣和投资的影响存在相当程度的差异，工会企业更容易受到社保成本变动的负面影响。对此，一个可能的解释是工会企业和非工会企业在劳动资源配置上也许存在效率差异，由此造成企业应对社保成本变动的反应出现差异，本章接下来将正式考察这个解释是否成立。

表5－3 企业社会保险成本变动的工会异质性效应

变量	非工会企业			工会企业		
	Employ	INV	ROA	Employ	INV	ROA
	（1）	（2）	（3）	（4）	（5）	（6）
SC	0. 0705 ***	0. 198	− 0. 592 ***	− 0. 0102 **	− 0. 696 ***	− 0. 0212
	（0. 0136）	（0. 241）	（0. 0987）	（0. 00417）	（0. 0994）	（0. 0379）
Cashratio	0. 00010	0. 0539 ***	0. 0288 ***	− 0. 00124 ***	0. 0727 ***	0. 0252 ***
	（0. 00020）	（0. 00505）	（0. 00188）	（0. 00013）	（0. 00452）	（0. 00160）
Debt	− 0. 00286 ***	− 0. 0338 ***	− 0. 0956 ***	− 0. 00069 ***	− 0. 0524 ***	− 0. 103 ***
	（0. 00017）	（0. 00452）	（0. 00164）	（0. 00011）	（0. 00385）	（0. 00134）
Salegrow	− 0. 00024 ***	0. 00334 **	0. 0140 ***	− 0. 00025 ***	− 0. 00541 ***	0. 0157 ***
	（0. 00003）	（0. 00132）	（0. 00042）	（0. 00005）	（0. 00146）	（0. 0005）
State	0. 00371 ***	0. 0288 ***	0. 0146 ***	0. 00250 ***	0. 0432 ***	0. 00052
	（0. 00016）	（0. 00342）	（0. 00155）	（0. 00015）	（0. 00373）	（0. 00163）
Private	0. 00545 ***	0. 0422 ***	0. 0140 ***	0. 00255 ***	0. 0262 ***	0. 0155 ***
	（0. 00034）	（0. 00616）	（0. 00259）	（0. 00014）	（0. 00347）	（0. 00149）
Small	0. 00036	0. 00560	0. 0255 ***	− 0. 00178 *	− 0. 0153	0. 0181 *
	（0. 00052）	（0. 00911）	（0. 00488）	（0. 00096）	（0. 0191）	（0. 0101）
Med	0. 00337 ***	0. 0279 ***	0. 0226 ***	− 0. 00086	0. 00567	0. 0246 **
	（0. 00056）	（0. 00960）	（0. 00507）	（0. 00096）	（0. 0192）	（0. 0101）
Large	0. 00586 ***	0. 0288 ***	0. 0211 ***	− 0. 0007	0. 0126	0. 0148
	（0. 00056）	（0. 00987）	（0. 00514）	（0. 00095）	（0. 0190）	（0. 0101）
Indsalegrow	0. 000002	− 0. 00142	− 0. 00013	− 0. 000009	− 0. 00116	0. 00018
	（0. 000036）	（0. 00135）	（0. 00041）	（0. 000019）	（0. 00086）	（0. 00026）
Indebt	0. 000140	0. 00675	0. 0587 ***	− 0. 00199 ***	− 0. 0368 *	0. 0217 ***
	（0. 00100）	（0. 0320）	（0. 0107）	（0. 00056）	（0. 0209）	（0. 00731）
Open	0. 00089 ***	− 0. 0125 ***	− 0. 0227 ***	0. 00067 ***	− 0. 0274 ***	− 0. 0103 ***
	（0. 00019）	（0. 00336）	（0. 00166）	（0. 00011）	（0. 00291）	（0. 00132）
地区/年度效应	有	有	有	有	有	有
观测值	366267	353737	369390	575225	563639	576612
R^2	—	0. 000	—	0. 005	—	0. 039

注：括号内为稳健标准误，＊表示 p＜0. 10，＊＊表示 p＜0. 05，＊＊＊表示 p＜0. 01。

5.2　劳动资源配置效率与社会保险成本
变动效应：基于超额雇员的解释

　　对于企业社会保险成本变动的经济后果异质性分组检验中，小微企业与大型企业以及非工会企业与工会企业在雇佣率和投资率方面存在显著差异，本部分拟从劳动资源配置效率差异角度给出解释。小微企业和非工会企业在劳动用工体制上更为灵活，拥有较高的劳动资源配置效率；而大型企业和工会企业的劳动用工体制通常缺少足够的灵活性，劳动资源调整弹性较小，在劳动市场上有一定的垄断力量，容易招募到合适员工，出现超额雇员的可能性比较大。因此，当大型企业或工会企业出于种种原因不得不提高社会保险支出时，其劳动成本将会有较大幅度上升，所以企业有可能采取措施降低雇佣水平，消除冗员，抵消劳动用工成本的上升；与此同时，由于投资需要匹配以相应劳动资源，受制于劳动成本约束，大型企业的投资水平也将会下降。但由于小微企业和非工会企业劳动资源配置效率较高，社保成本支出增加并不会引起其劳动资源过多调整，因此其雇佣和投资水平不会受到负面影响①。本节将首先考察是否相对于小微企业及非工会企业，大型企业和工会企业更容易出现超额雇员的现象；然后再检验劳动资源配置效率不同程度下，企业社会保险成本变动对雇佣和投资的边际效应是否表现出预期的差异性。

---

　　①　从上一节的实证检验结果来看，小微企业和非工会企业提高企业社会保险支出甚至可以吸引到更多劳动力，使其雇佣率显著上升。这方面的进一步讨论涉及劳动市场分割等因素，与本书主题关系不大，因此不继续做深入探讨。

5.2.1 超额雇员检验

本节应用曾庆生和陈信元（2006）、刘慧龙等（2010）所建议的方法测度企业的劳动资源配置效率。该方法的第一步需要估计如下计量回归方程：

$$Staff_{it} = \alpha + \beta_1 Tangible_{it} + \beta_2 Salegrow_{it} + \beta_3 Size_{it} + \beta_4 age_{it} + \varepsilon_{it} \qquad (5-1)$$

其中，因变量$Staff_{it}$表示企业全部职工人数；$Tangible_{it}$为有形资产比率，等于固定资产净值/总资产，表示企业的资本密集度；$Salegrow_{it}$和$Size_{it}$分别表示销售增长率和企业规模，其定义在第 4 章有专述；age_{it}表示企业的经营年限。一般而言，资本和劳动需要以一定的比例配合使用，因此$Tangible_{it}$上升，企业的劳动需求也相应提高；$Salegrow_{it}$表示企业的成长前景，其值越高，意味着将来业务可能会有相当大的发展，需要的人力资源也就越多；根据经验，规模大以及经营年限长的企业通常有更多员工。

估计计量回归方程（5-1）后得到的拟合值代表企业正常需要的员工数量。曾庆生和陈信元（2006）、刘慧龙等（2010）均使用了 OLS 估计计量回归方程（5-1）以求得拟合值，但使用 OLS 估计存在一个计量经济学问题：企业正常需要的员工数量应该是非负数，然而 OLS 估计时可能出现负的拟合值（即使回归系数均为正，常数项仍有可能出现负值，因而在解释变量都非常小时拟合值可能出现负数）。为了避免出现负的拟合值，本部分采用广义线性模型（GLM）估计计量回归方程（5-1）。具体而言，本部分采用的广义线性模型如下：

$$g\{E(Staff_{it} \mid X_{it})\} = \beta X_{it} \qquad Staff_{it} \mid X_{it} \sim Gamma$$

上式中设定条件分布$Staff_{it} \mid X_{it}$服从 Gamma 分布，以保证条件期望值 $E(Staff_{it} \mid X_{it})$ 的非负性，具体的 g 函数形式为 $g\{E(Staff_{it} \mid X_{it})\} = \ln(E(Staff_{it} \mid X_{it}))$。GLM 的估计结果如表 5-4 所示，第 1 列为没有控制地区和年

度效应的估计结果，第 2 列为控制了地区和年度效应的估计结果。从解释变量
系数值和显著性来看，估计结果与本书预期一致，而且两列估计结果差异甚
微，AIC 值基本相同。因此根据模型选择中的奥卡姆剃刀原理，本部分采用第
1 列的模型设定。

表 5 – 4　企业正常需要员工数量：广义线性模型估计

	因变量：Staff	
	（1）	（2）
Tangible	0.0814 ***	0.0778 ***
	（0.0284）	（0.0240）
Salegrow	0.0166 **	0.0288 ***
	（0.00729）	（0.00631）
Size	0.476 ***	0.484 ***
	（0.00349）	（0.00300）
Lnage	0.459 ***	0.456 ***
	（0.0104）	（0.00966）
地区效应	无	有
年度效应	无	有
观测值	1791287	1791287
AIC	12.3	12.3

注：括号内为稳健标准误，＊表示 p < 0.10，＊＊表示 p < 0.05，＊＊＊表示 p < 0.01。

在 GLM 估计得到企业正常需要员工数 $\widetilde{\text{Staff}}$ 之后，第二步使用下式计算出
雇佣不足或超额雇员的程度：

$$\text{Exstaff}_{it} = \text{Staff}_{it} - \widetilde{\text{Staff}}_{it} \qquad (5-2)$$

如果 $\text{Exstaff}_{it} < 0$ 则意味着雇佣不足，企业用人紧张，招募不到足够的员
工；如果 $\text{Exstaff}_{it} > 0$ 则意味着超额雇员，企业人员冗余，劳动资源配置效率
低下。

为了考察规模和工会因素在企业劳动资源配置效率中的作用，本部分根据

式（5-2）计算得到的变量$Exstaff_{it}$构造因变量$1_{(Exstaff>0)}$（当$Exstaff_{it}>0$时为1，否则为0），然后对一组企业规模、工会、行业以及控制权变量进行Logit模型估计，估计结果呈现在表5-5中。表5-5中的SM代表小型和微型企业虚拟变量；Control_state为国有控股虚拟变量，如果国有资本比重超过0.5则为1，否则为0；Control_private为民营控股虚拟变量，如果民营资本比重超过0.5则为1，否则为0；Control_foreign为外资控股虚拟变量，如果港澳台资比重或外商资本比重超过0.5则为1，否则为0[①]。表5-5的其余变量在第4章已经给出具体定义，此处不再重复。表5-5的第1列为解释变量仅包括规模、工会及行业变量的估计结果；第2列加入一组控制权变量，以控制企业股权属性的影响；第3列则加入了地区和年度虚拟变量，以控制地区和时间的影响。从表5-5可以看出，三次估计中感兴趣变量的系数估计值显著性和符号方向均保持稳定：SM系数显著为负，说明小微企业更多表现为雇佣不足；Large系数显著为正，说明大型企业更多表现为超额雇员；Union系数显著为正，说明有工会组织的企业存在人员冗余现象；此外，还可以发现劳动密集型行业更容易出现超额雇员，而技术密集性型行业的超额雇员程度较弱（第3列的系数估计值不显著）。

表5-5 超额雇员检验

变量	因变量：$1_{(Exstaff>0)}$		
	（1）	（2）	（3）
SM	-1.942***	-1.712***	-1.462***
	(0.0432)	(0.0474)	(0.0464)

① 根据工业企业数据库中实收资本的明细项目，定义国有资本比重 =（国家资本金 + 法人资本金 + 集体资本金）/实收资本金，民营资本比重 = 私人资本金/实收资本金，港澳台资比重 = 港澳台资本金/实收资本，外商资本比重 = 外商资本金/实收资本金。

续表

变量	因变量：$1_{(Exstaff>0)}$		
	(1)	(2)	(3)
Large	0.300 ***	0.429 ***	0.406 ***
	(0.0647)	(0.0649)	(0.0655)
Union	0.0803 *	0.0898 **	0.238 ***
	(0.0438)	(0.0439)	(0.0437)
Laborind	0.306 ***	0.204 ***	0.0913 *
	(0.0463)	(0.0466)	(0.0467)
Tech	0.252 ***	0.139 ***	0.0229
	(0.0467)	(0.0470)	(0.0471)
Control_ state	—	− 2.270 ***	− 1.791 ***
		(0.0527)	(0.0562)
Control_ private	—	− 0.749 ***	− 0.550 ***
		(0.0516)	(0.0528)
Control_ foreign	—	− 1.221 ***	− 1.121 ***
		(0.0482)	(0.0508)
地区效应	无	无	有
年度效应	无	无	有
观测值	3822301	3822301	2741714
R^2	0.062	0.126	0.163

注：括号内为稳健标准误，＊表示 p < 0.10，＊＊表示 p < 0.05，＊＊＊表示 p < 0.01。

表5 - 5 提供的经验证据显示小微企业与大型企业之间、工会企业与非工会企业之间在劳动资源配置效率方面确实存在显著的差异，相对于小微企业与非工会企业，大型企业与工会企业更有可能出现超额雇员状况。这就解释了为什么在企业社会保险成本变动所引致的经济后果的异质性分组检验中，小微企业与大型企业以及非工会与工会企业在雇佣率和投资率方面出现明显的差异。当超额雇员企业的社会保险成本上升时，为了保证盈利水平，避免劳动成本过

快攀升，企业通常会有动机裁除冗员，导致雇佣率下降；同时由于劳动资源向下调整，其投资水平也相应调低。小微企业和非工会企业由于超额雇员程度较低，劳动资源得到比较充分利用，调整空间不大，因此受到社保成本变动的影响程度也较弱。

5.2.2 超额雇员与企业社会保险成本变动效应

根据上一节的经验证据，不同特征的企业在劳动资源配置效率上存在显著差异，因此可以合理地推测企业社会保险成本变动在企业雇佣和投资方面的异质性反应归因于不同特征的企业在劳动资源配置上的异质性。超额雇员程度越高的企业，社保成本变动引致的经济反应可能会越大。为了验证以上推测，本部分的实证策略是考察在企业超额雇员数量程度不同的情况下，企业社会保险成本对企业雇佣率和投资率的影响。如果劳动资源配置效率影响社会保险成本变动的经济效应，那么可以预期超额雇员数量越多的企业，社会保险成本变动对其雇佣率和投资率的负向影响应该越来越强，而在超额雇员数量不高的企业，社会保险成本变动对其雇佣率和投资率没有显著作用。

具体的实证检验结果如表 5-6 和表 5-7 所示，按照超额雇员数量（Exstaff）从小于 0 到大于 500 人共分为 9 组进行分组 2SLS 回归估计。从表 5-6 可以看到，企业社会保险成本变量（SC）的系数值在 Exstaff 小于 100 人以下是不显著的；当 Exstaff 数值超过 100 人时，SC 系数值不但显著为负，而且随着 Exstaff 数值越来越大，其系数绝对值也越来越大，即负面效应越来越强；但是如果超额雇员数量超过 500 人，则 SC 系数值虽然仍显著为负，但开始有所上升，即系数绝对值减少。表 5-6 的实证检验结果表明，劳动资源配置效率程度对企业社保成本边际雇佣效应的影响是非线性的，在超额雇员程度不高时，社会保险成本变动对企业雇佣状况没有显著影响，随着超额雇员程度逐渐

表5-6　超额雇员与社会保险成本变动效应一

因变量：Employ

变量	Exstaff <0 (1)	Exstaff >0 (2)	Exstaff >50 (3)	Exstaff >100 (4)	Exstaff >150 (5)	Exstaff >200 (6)	Exstaff >300 (7)	Exstaff >400 (8)	Exstaff >500 (9)
SC	0.0467	0.00088	-0.00699	-0.0288***	-0.0497***	-0.0653***	-0.0770***	-0.0814***	-0.0787***
	(0.0622)	(0.00488)	(0.0056)	(0.00661)	(0.00779)	(0.00853)	(0.00957)	(0.0105)	(0.0106)
Cashratio	0.00210	-0.00069***	-0.00055***	-0.00051***	-0.00045**	-0.00046**	-0.00029	-0.00024	-0.00023
	(0.00264)	(0.00011)	(0.00013)	(0.00017)	(0.0002)	(0.00023)	(0.00027)	(0.00029)	(0.0003)
Debt	-0.00026	-0.00150***	-0.00156***	-0.00180***	-0.00187***	-0.00177***	-0.00164***	-0.00157***	-0.00151***
	(0.00178)	(0.00008)	(0.0001)	(0.00013)	(0.00016)	(0.00019)	(0.00022)	(0.00023)	(0.00023)
Salegrow	0.00043	-0.00026***	-0.00030***	-0.00039***	-0.00048***	-0.00053***	-0.0005***	-0.00047***	-0.00042***
	(0.00117)	(0.000026)	(0.00003)	(0.00004)	(0.00005)	(0.00006)	(0.00007)	(0.00007)	(0.00007)
Unionrate	-0.00400	-0.00184***	-0.00155***	-0.00027	0.00133	0.00272***	0.00373***	0.00416***	0.00403***
	(0.00541)	(0.00037)	(0.00044)	(0.00055)	(0.00066)	(0.00075)	(0.00085)	(0.00094)	(0.00094)
State	0.00193	0.00268***	0.00279***	0.00298***	0.00323***	0.00332***	0.00320***	0.00311***	0.00293***
	(0.00166)	(0.00009)	(0.00011)	(0.00015)	(0.00019)	(0.00021)	(0.00025)	(0.00027)	(0.00026)
Private	0.00328	0.00321***	0.00318***	0.00261***	0.00194***	0.00137***	0.00076***	0.00052*	0.00053*
	(0.00346)	(0.00014)	(0.00016)	(0.00019)	(0.00022)	(0.00024)	(0.00028)	(0.0003)	(0.0003)
Small	-0.00245	-0.00079*	0.00229***	0.00108*	0.00068	0.00041	0.00019	0.0001	0.0001
	(0.00214)	(0.00041)	(0.00055)	(0.00063)	(0.00078)	(0.00091)	(0.00102)	(0.00106)	(0.00104)
Med	-0.00295**	0.00086**	0.00354***	0.00372***	0.00359***	0.00343***	0.00323***	0.00303***	0.00299***
	(0.00150)	(0.00042)	(0.00055)	(0.00064)	(0.00079)	(0.00092)	(0.00103)	(0.00107)	(0.00104)

续表

因变量：Employ

变量	Exstaff<0 (1)	Exstaff>0 (2)	Exstaff>50 (3)	Exstaff>100 (4)	Exstaff>150 (5)	Exstaff>200 (6)	Exstaff>300 (7)	Exstaff>400 (8)	Exstaff>500 (9)
Large	0.00333	0.00138***	0.00382***	0.00361***	0.00327***	0.00298***	0.00302***	0.00311***	0.00312***
	(0.00786)	(0.00041)	(0.00054)	(0.00062)	(0.00077)	(0.00090)	(0.00101)	(0.00105)	(0.00103)
Indsalegrow	0.00051	-0.00003*	-0.00007*	-0.00012*	-0.00013*	-0.00013***	-0.00012*	-0.00011*	-0.00009**
	(0.00057)	(0.000017)	(0.00002)	(0.00002)	(0.00003)	(0.00003)	(0.00004)	(0.00004)	(0.00004)
Indebt	-0.0161	-0.00123*	-0.00155*	-0.00413***	-0.00594***	-0.00664***	-0.00695***	-0.00708***	-0.00637***
	(0.0165)	(0.00068)	(0.00079)	(0.00094)	(0.00111)	(0.00119)	(0.00128)	(0.00135)	(0.00130)
Open	-0.00226	0.00072***	0.00062***	0.00029**	-0.00008	-0.00043*	-0.00085***	-0.00107***	-0.00106***
	(0.00186)	(0.0001)	(0.00011)	(0.00014)	(0.00017)	(0.0002)	(0.00024)	(0.00028)	(0.00029)
Tech	0.00421	-0.0001	-0.00021*	-0.00008	0.00022	0.00047**	0.00061***	0.0007***	0.00066***
	(0.00263)	(0.00009)	(0.00011)	(0.00014)	(0.00018)	(0.0002)	(0.00021)	(0.00022)	(0.00021)
Lowtech	-0.00289**	-0.00033***	-0.00043***	-0.00074***	-0.00105***	-0.00133***	-0.00155***	-0.00160***	-0.00160***
	(0.00123)	(0.00006)	(0.00008)	(0.0001)	(0.00012)	(0.00014)	(0.00017)	(0.00018)	(0.00019)
地区效应	有	有	有	有	有	有	有	有	有
年度效应	有	有	有	有	有	有	有	有	有
观测值	957	940535	772880	584276	471383	398755	313222	270548	244442
R²	—	0.009	0.013	—	—	—	—	—	—

注：括号内为稳健标准误，* 表示 p<0.10，** 表示 p<0.05，*** 表示 p<0.01。

表 5－7　超额雇员与社会保险成本变动效应二

因变量：INV

变量	Exstaff <0 (1)	Exstaff >0 (2)	Exstaff >50 (3)	Exstaff >100 (4)	Exstaff >150 (5)	Exstaff >200 (6)	Exstaff >300 (7)	Exstaff >400 (8)	Exstaff >500 (9)
SC	-1.902	-0.317***	-0.303**	-0.429***	-0.604***	-0.746***	-1.178***	-1.350***	-1.418***
	(1.671)	(0.106)	(0.121)	(0.143)	(0.168)	(0.187)	(0.223)	(0.268)	(0.299)
Cashratio	0.0329	0.0635***	0.0639***	0.0619***	0.0589***	0.0578***	0.0582***	0.0569***	0.0541***
	(0.0553)	(0.00336)	(0.00395)	(0.00494)	(0.0059)	(0.00681)	(0.00849)	(0.00982)	(0.0108)
Debt	-0.00670	-0.0461***	-0.0552***	-0.0656***	-0.0751***	-0.0808***	-0.0856***	-0.0928***	-0.101***
	(0.0465)	(0.00284)	(0.00336)	(0.0043)	(0.00525)	(0.00609)	(0.0076)	(0.00867)	(0.00955)
Salegrow	-0.0154	-0.00084	-0.00481***	-0.0133***	-0.0225***	-0.0315***	-0.0545***	-0.0677***	-0.0792***
	(0.0244)	(0.00095)	(0.00107)	(0.00128)	(0.00152)	(0.00173)	(0.00204)	(0.00236)	(0.00261)
Unionrate	0.130	-0.0266***	-0.0340***	-0.0346***	-0.0288*	-0.0237	0.00075	0.00242	-0.00247
	(0.125)	(0.00821)	(0.00975)	(0.0122)	(0.0149)	(0.0171)	(0.0208)	(0.0251)	(0.0279)
State	0.0380	0.0332***	0.0360***	0.0444***	0.0520***	0.0586***	0.0738***	0.0822***	0.0879***
	(0.0476)	(0.00219)	(0.00262)	(0.0034)	(0.00438)	(0.00504)	(0.00625)	(0.00731)	(0.00802)
Private	-0.0564	0.0350***	0.0393***	0.0444***	0.0441***	0.0447***	0.0398***	0.0424***	0.0483***
	(0.0916)	(0.00311)	(0.0036)	(0.00425)	(0.00494)	(0.00555)	(0.00675)	(0.00792)	(0.00865)
Small	0.0239	0.00471	-0.0458	-0.0674	-0.0696	-0.0590	-0.0349	-0.0205	-0.00915
	(0.0681)	(0.00884)	(0.0972)	(0.0995)	(0.101)	(0.103)	(0.109)	(0.112)	(0.114)
Med	-0.0315	0.0288***	-0.0415	-0.0279	-0.0127	0.00816	0.0430	0.0619	0.0753
	(0.0479)	(0.0089)	(0.0968)	(0.0978)	(0.0997)	(0.101)	(0.108)	(0.111)	(0.112)

续表

因变量：INV

变量	Exstaff <0 (1)	Exstaff >0 (2)	Exstaff >50 (3)	Exstaff >100 (4)	Exstaff >150 (5)	Exstaff >200 (6)	Exstaff >300 (7)	Exstaff >400 (8)	Exstaff >500 (9)
Large	0.0235	0.0306***	-0.0405	-0.0314	-0.0240	-0.0165	0.00443	0.0256	0.0456
	(0.0652)	(0.00877)	(0.0968)	(0.0978)	(0.0996)	(0.101)	(0.108)	(0.111)	(0.112)
Indsalegrow	0.00378	-0.00093	-0.00109	0.00009	0.00058	0.00059	0.00148	0.00095	0.00052
	(0.0136)	(0.00074)	(0.00085)	(0.00105)	(0.00127)	(0.00144)	(0.00175)	(0.00199)	(0.00217)
Indebt	0.115	-0.0457**	-0.0351	-0.0388	-0.0418	-0.0375	-0.0470	-0.0420	-0.0104
	(0.299)	(0.0205)	(0.0237)	(0.0282)	(0.0328)	(0.0360)	(0.0418)	(0.0470)	(0.0499)
Open	0.0438	-0.0189***	-0.0191***	-0.0236***	-0.0307***	-0.0367***	-0.0521***	-0.0621***	-0.0675***
	(0.0570)	(0.00225)	(0.00255)	(0.00308)	(0.00371)	(0.00437)	(0.00568)	(0.00710)	(0.00802)
Tech	-0.00098	0.00758***	0.00835***	0.0122***	0.0160***	0.0186***	0.0247***	0.0268***	0.0251***
	(0.0329)	(0.00210)	(0.00258)	(0.00335)	(0.00410)	(0.00465)	(0.00539)	(0.00602)	(0.00633)
Lowtech	0.0432	-0.00459***	-0.00556***	-0.00827***	-0.0114***	-0.0142***	-0.0216***	-0.0239***	-0.0258***
	(0.0498)	(0.00171)	(0.00204)	(0.00253)	(0.00311)	(0.00366)	(0.00470)	(0.00567)	(0.00645)
地区效应	有	有	有	有	有	有	有	有	有
年度效应	有	有	有	有	有	有	有	有	有
观测值	981	916395	747860	558282	444697	371587	285510	242468	216119
R^2	—	0.000	0.002	0.000	—	—	—	—	—

注：括号内为稳健标准误，* 表示 $p<0.10$，** 表示 $p<0.05$，*** 表示 $p<0.01$。

提高，社会保险成本变动的负向边际效应越来越大，但当超额雇员程度超过一定水平时，社会保险成本变动的边际负效应逐渐稳定，不再上升。从表 5 – 7 也可以得到类似的发现，当 Exstaff 小于 0 时，SC 系数值不显著，但是随着 Exstaff 数值的逐渐增加，SC 系数值显著为负且其绝对值越来越大。由此可见，随着企业超额雇员程度越来越高，社会保险成本变动对投资的边际负效应也随之越来越大。

5.3　本章小结

本章考察企业社会保险成本变动的异质性效应，主要关注三个方面的异质性：行业、规模以及工会性质。分组 2SLS 回归的实证检验结果表明属于劳动密集型行业的企业、规模大的企业以及有工会组织的企业，社会保险成本变动使雇佣率和投资率均有显著减少，而对于技术密集型行业、小微企业以及没有工会组织的企业，社会保险成本变动的负面效应不明显；社会保险成本变动对利润水平的负面影响始终存在于不同行业、规模以及工会性质的企业之中。本章进一步分析不同特征企业的劳动资源配置效率，发现劳动密集型行业的企业、规模大的企业以及有工会组织的企业更有可能出现超额雇员状况，因此当企业社会保险成本上升时，这些类型的企业为避免劳动成本大幅上升所造成的损失，通常有动机采取措施调整劳动资源，降低雇佣和投资水平。按照超额雇员程度进行分组后的实证检验也表明，随着超额雇员程度的上升，社会保险支出对企业雇佣和投资的边际负效应越来越强，说明企业社会保险成本变动的异质性效应在一定程度上源于不同特征类型企业的劳动资源配置效率差异。

第6章 人口流动与地区企业
社会保险成本不平衡

前文的研究发现企业社会保险成本对实体经济发展有着重要的实质影响，社保成本的增加会减少企业投资和利润，微观上企业因成本负担过重而无力进行投资，宏观上则会造成地区实体经济发展受阻，企业整体的成长机会较少，经营状况不佳，最终导致地区经济失去活力，陷入困境。近年来，随着我国经济结构调整，经济增长速度趋于平稳，企业社会保险成本负担过高的议题引起了政府和社会各界越来越多的关注。2015年，国务院先后决定适当降低失业、工伤和生育三项社会保险的费率，同时为进一步贯彻落实党的十八届三中、党的十八届五中全会精神，推进供给侧结构性改革，降低企业成本，激发企业活力，推进经济持续健康发展，2016年4月13日，国务院第129次常务会研究原则通过阶段性降低社会保险费率。但如果不了解企业社会保险地区分布不平衡的事实，不理解欠发达地区企业社会保险成本增长的根本成因，仅依靠行政措施降低社会保险费率，很可能会陷入短期企业成本降低但长期内企业社保成本又出现反弹的困局。本章将基于人口流动的视角，系统考察地区企业社会保险成本不平衡背后的人口结构根源和历史成因。

根据第 3 章的理论分析所揭示的传导机制：由于地区间存在人口流动，引起地区人口结构差异，人口流入地区的老年人比重较低，而人口流出地区的老年人比重较高；老年人比重较高的地区，地方财政压力较大，导致地方政府提高社会保险费率以保持社会保险收支平衡。第 4 章的实证检验发现老年人比重上升引起地区（城市）社会保险费率提升，进而增加了企业社会保险成本。本章将从人口流动视角进一步深入考察人口流动、地区人口结构变动、地区财政收支状况、地区社会保险费率和基数之间的传导链条，从而在实证上比较彻底地检验整个传导机制。

6.1　人口流动与人口结构变动

6.1.1　人口流动的统计描述

　　两次全国人口普查数据既提供了某一省份的户口登记地为外省份的人数，也提供了户口登记地在该省份的人数在其他省份的分布状况，通过汇集全国各省份户口登记地分布数据，可以从中计算出每一省份外来流入和本地流出人数。本书以人口流动比率和外来人口比率度量省份层面的人口流动程度。人口流动比率定义为：户口登记地为外省份的人口数（流入人口）/户口地为该省份但人在外省份的人口数（流出人口），比值的高低在一定程度上代表着人口流动的状况，比值大于 1 说明该省份属于人口迁入地区，比值小于 1 说明该省份属于人口迁出地区。外来人口比率定义为外来人口数/本地人口数，其中外来人口数不仅包括户口登记地在外省份的人数，还包括户口登记地在本省份但不属于本地的人口数，因此该指标反映的不仅是该省份外部人口流动情况，还包括该省份的人口内部流动状况，实际上度量了该省份劳动市场的整体流动程度。本章首先利用2000年和2010年全国各省份人口调查数据，给出我国各省份2000~2010年人口流动的基本描述。表6-1列出了2000年和2010年全国各省份（除西藏和港澳台之外）的人口流动比率和外来人口比率①。可以看到人口流出程度比较高的省份是黑龙江、安徽、江西、河南、湖北、湖南、广西、四川、重庆、贵州，相应地，这些地区也有着较低的外来人口比率。一些省份如内蒙古、山西、辽宁、福建、海南、新疆、宁夏和青海等，虽然人口流动比率大于1，但是外来人口比率都比较低（低于30%），说明人口流动的规模不高。北京、天津、上海、江苏、浙江、广东等省份，既有较高的人口流动比率，也有较高的外来人口比率，说明该省份属于外来人口大规模迁移进入的地区，人口流动程度高，且人口流动规模大。

表6-1   全国各省份人口流动的描述性统计   单位:%

省份	2000年		2010年	
	人口流动比率	外来人口比率	人口流动比率	外来人口比率
北京	31.430	0.237	25.690	0.834
天津	—	—	11.300	0.425
河北	0.979	0.033	0.409	0.059
山西	2.616	0.047	0.874	0.096
内蒙古	1.213	0.082	1.353	0.219
辽宁	3.613	0.058	1.763	0.141
吉林	—	—	0.333	0.073
黑龙江	0.386	0.052	0.198	0.078
上海	24.89	0.362	35.870	0.918

---

① 由于各省份人口普查资料收集存在一定难度，因此2000年和2010年均有少数省份数据缺失。

续表

省份	2000 年		2010 年	
	人口流动比率	外来人口比率	人口流动比率	外来人口比率
江苏	1.648	0.074	2.413	0.211
浙江	2.993	0.134	6.385	0.390
安徽	0.058	0.020	0.075	0.066
福建	—	—	2.589	0.273
江西	0.086	0.026	0.104	0.048
山东	1.236	0.031	0.684	0.080
河南	—	—	0.069	0.051
湖北	0.249	0.039	0.172	0.092
湖南	0.086	0.029	0.1003	0.060
广东	41.850	0.328	24.420	0.430
广西	0.183	0.044	0.201	0.089
海南	3.339	0.095	2.135	0.170
重庆	—	—	0.270	0.108
四川	0.105	0.035	0.128	0.094
贵州	0.335	0.037	0.189	0.081
云南	—	—	0.836	0.094
陕西	0.649	0.033	0.498	0.091
甘肃	0.680	0.029	0.275	0.068
青海	2.094	0.070	1.361	0.163
宁夏	3.664	0.072	1.634	0.168
新疆	—	—	6.039	0.160

注：根据2000年和2010年全国各省份人口普查数据整理所得。

从时间序列角度来看，2000 年与 2010 年人口流动状况的差异还是非常明显的：2000 年，有 12 个省份属于人口净流入地省份，但外来人口比率高于 10%的省份仅有北京、上海、浙江和广东；到了 2010 年，有 13 个省份属于人口净流入地区，与 2000 年没有差异（考虑到 2000 年缺失省份数据），但外来人口高于 10%的省份达到了 14 个（其中重庆人口流动比率小于 1，但外来人口比率高于 10%），明显多于 2000 年。由此可见，经过 10 年的人口持续大规

·111·

模跨地区流动，人口净流入地区的外来人口已经占据越来越高的比重，成为当地人口结构变动中的重要影响因素。从横截面的角度来看，人口流动的省际差异很难简单地归结于"孔雀东南飞"这类人口流动模式。同属于西北地区，陕西和甘肃人口外流程度高，而宁夏和新疆则处于人口净流入的状态；同属于东部地区，安徽的人口外流程度远高于毗邻的浙江和江苏；同属于华南地区，广西长期处于人口净流出状态，而广东则是长期的人口净流入。

6.1.2 人口流动与地区人口结构双样本检验

从上一节两次人口普查的人口流动描述性统计可以看到，人口流入地区的外来人口比重越来越高，很可能影响到当地的人口结构，因而本部分将接着考察人口流动对人口结构的影响。本部分将给出人口流入地区的两种定义：一是将人口流动比率大于1的地区定义为人口流入地区（Laborflow1）；二是将人口流动比率大于 1 且外来人口比率超过 0.3 的地区定义为人口流入地区（Laborflow2）[①]。Laborflow1 代表比较宽泛的人口流入地区定义，但正如上一节所分析的那样，不少地区虽然统计上属于人口净流入，其实人口流动规模不大；Laborflow2 属于狭义的定义，考虑了人口流动规模的因素，但属于这一类地区的样本比较少，统计上可能损失一定的效率。因此本书将同时考虑这两种定义的人口流动地区变量，对比实证检验结果，以便保证研究结论稳健性。

表 6-2 提供了人口流入地区与人口流出地区在城市人口结构上的双样本检验结果，其中对应于"人口流入地区"和"人口流出地区"的两列数据为该年龄段人口数占全部人口数比重。从表 6-2 可以看到，2000～2010 年人口

---

① 此处需要特别说明人口迁移数据与本书使用 2000～2013 年城市和企业面板数据的匹配方式：考虑到"入世"前后劳动力流动可能会有根本性不同，所以 2000 年的人口迁移数据匹配至 2000～2004 年，2010 年的人口迁移数据匹配至 2005～2013 年。

流动与人口结构变动的基本趋势，人口流入地区在 20～59 岁年龄段的人口比重始终显著高于人口流出地区，而其差异随时间推移有逐渐扩大的趋势。两地区 30～59 岁年龄段人口占比差异在 10 年间并没有出现明显扩大，说明两地区在 20～59 岁年龄人口比重差异扩大主要是由于 20～30 岁年轻人流动规模增加所致。两地区 60 岁人口比重的双样本差异检验则显示相反的情况：人口流入地区该年龄段人口比重基本显著小于人口流出地区，而且随时间推移有逐渐扩大的趋势。表 6－2 也显示了两地区 65 岁人口比重的差异在 2000～2010 年基本保持稳定，说明人口流出地区 60～65 岁人数相对人口流入地区增加了。将 Laborflow1 和 Laborflow2 的分组检验结果进行比较可以看出，Laborflow1 中的组间差异明显小于 Laborflow2 的组间差异，如在 20～59 岁年龄段中，2010 年 Laborflow1 的组间差异是 2%，而 Laborflow2 的差异则达 6.5%；同样，在 60 岁以上年龄段中，2010 年 Laborflow1 的组间差异是 1.6%，而 Laborflow2 的差异则达到 3.67%。从差异的时变趋势看，Laborflow2 的两组样本差异扩大幅度也明显高于 Laborflow1 的样本差异变动幅度：以 60 岁以上年龄段为例，在 Laborflow1 中组间差异从 2000 年的 0.0086 扩大到 2010 年的 -0.0163，扩大幅度是 2.22%；而在 Laborflow2 中组间差异从 2000 年的 0.0109 扩大到 2010 年的 -0.0367，扩大幅度达 4.76%。从差异的数量显著性衡量，人口流入地区和流出地区的差异也是极为显著的：以全国 287 个地级市（含直辖市）60 岁以上人口比重数据统计结果为例，其组间标准差为 0.0235，组内标准差为 0.0163，按照比较广义的 Laborflow1 定义的 2010 年分组差异为 0.0163，占其 69.36%（0.0163/0.0235），2000～2010 年，差异的变化幅度为 0.0222，超过组内标准差；按照狭义的 Laborflow2 比较，则数量上更为显著。由此可见，我国城市间的人口结构变动差异与人口流动因素密切相关，人口流动程度的地区差异基本可以解释地区间人口结构的差异。

表6-2 人口流动与人口结构双样本检验

	Laborflow1			
	年份	人口流入地区	人口流出地区	差异
20~59 岁	2000	0.5931	0.5806	0.0125**
	2005	0.6156	0.5942	0.0214***
	2010	0.6360	0.6158	0.0202***
30~59 岁	2000	0.4313	0.4153	0.0160***
	2005	0.4707	0.4668	0.0039
	2010	0.4715	0.4592	0.0123**
60 岁以上	2000	0.1111	0.1025	0.0086***
	2005	0.1233	0.1240	−0.0007
	2010	0.1196	0.1359	−0.0163***
65 岁以上	2000	0.0756	0.0673	0.0083***
	2005	0.0868	0.0900	−0.0032*
	2010	0.0825	0.0908	−0.0083***
	Laborflow2			
	年份	人口流入地区	人口流出地区	差异
20~59 岁	2000	0.6108	0.5851	0.0257***
	2005	0.6413	0.5819	0.0594***
	2010	0.6765	0.6111	0.0654***
30~59 岁	2000	0.4492	0.4210	0.0282***
	2005	0.4663	0.4563	0.0100
	2010	0.4777	0.4602	0.0175***
60 岁以上	2000	0.1157	0.1048	0.0109***
	2005	0.1137	0.1258	−0.0121***
	2010	0.0999	0.1366	−0.0367***
65 岁以上	2000	0.0789	0.0703	0.0086***
	2005	0.0792	0.0864	−0.0072**
	2010	0.0684	0.0916	−0.0232***

注：根据2000年和2010年全国各城市人口普查数据以及2005年全国各城市人口抽样调查数据整理所得，*表示 $p < 0.10$，**表示 $p < 0.05$，***表示 $p < 0.01$。

6.1.3 人口流动地区差异对地区人口结构的影响

严格来说,上节的双样本检验只是对人口流动地区差异与人口结构地区差异之间关系的简单相关性检验,没有同时控制影响地区人口结构的一些关键因素,所以还不能断言人口流动是否确实影响到地区的人口结构。因此,本部分将使用如下计量回归方程,在充分考虑其他因素的基础上实证检验人口流动对人口结构的影响效应:

$$Ageratio_{ct} = \alpha + \beta\, Laborflow_{ct-n} + \gamma_1\, Childratio_{ct-n} + \gamma_3\, Ageratio45\_54_{ct-n} + \gamma_3$$
$$Popgrow_{ct} + \eta_s + \delta_t + \varepsilon_{ct} \qquad\qquad (6-1)$$

其中,下标 c 表示城市,t 表示时间;因变量 Ageratio 表示某一年龄段人数占比;主要解释变量 Laborflow 表示地区虚拟变量,根据上节的定义分别取为 Laborflow1 和 Laborflow2;Childratio 表示少儿人数比重,等于 0～14 岁人数/总人数;Ageratio45_54 表示 45～54 岁人数比重;Popgrow 表示人口自然增长率;η_s 表示地区变量,δ_t 表示时间变量,ε_{ct} 表示随机扰动项。人口比重数据来自 2000～2010 年的全国人口普查及抽样调查数据,人口自然增长率数据来自历年《中国城市统计年鉴》。本书希望考察人口统计变量较长时期带来的影响,同时为避免人口统计变量与随机扰动项同期相关关系所造成的内生性问题,故而将解释变量分别滞后 5 期和 10 期,即 n 取值 5 或 10[①]。计量回归方程(6-1)控制住了该城市以前人口结构特征对现在人口结构的影响,还控制住了地区和年度各种难以观测效应的综合影响。

计量回归方程(6-1)的估计结果如表 6-3 和表 6-4 所示,表 6-3 是主要解释变量为 Laborflow1 的回归结果,表 6-4 是主要解释变量为 Laborflow2

---

① 人口普查和人口抽样调查的时间间隔是 5 年一次,因此在计量回归方程(6-1)中,滞后 5 期恰好对应于前一次人口普查(或抽查),滞后 10 期对应于 2000 年人口普查。

表6-3 人口流动对人口结构的影响检验一

因变量：Ageratio

变量	15~24岁	25~34岁	35~44岁	45~54岁	60岁以上	65岁以上	15~24岁	25~34岁	35~44岁	45~54岁	60岁以上	65岁以上
	(1)	(2)	(3)	(4)	(5)	(6)	(7)	(8)	(9)	(10)	(11)	(12)
Laborflow1 滞后5期	0.00359	0.008***	-0.0002	-0.00006	-0.008***	-0.00299	—	—	—	—	—	—
	(0.0040)	(0.0027)	(0.0028)	(0.00195)	(0.00297)	(0.0021)						
Laborflow1 滞后10期	—	—	—	—	—	—	0.0001	0.00110	-0.010***	-0.00194	-0.012***	-0.0055**
							(0.0043)	(0.0034)	(0.0027)	(0.0020)	(0.0028)	(0.00216)
Childratio 滞后5期	0.0243	-0.278***	-0.125***	-0.0569*	0.153***	0.111***	—	—	—	—	—	—
	(0.0690)	(0.0496)	(0.0205)	(0.0297)	(0.0249)	(0.0198)						
Childratio 滞后10期	—	—	—	—	—	—	0.00664	-0.240***	-0.163***	-0.0552**	0.180***	0.123***
							(0.0507)	(0.0491)	(0.0217)	(0.0254)	(0.0256)	(0.0185)
Ageratio45_54 滞后5期	—	—	—	—	0.608***	0.395***	—	—	—	—	—	—
					(0.0738)	(0.0576)						
Ageratio45_54 滞后10期	—	—	—	—	—	—	—	—	—	—	0.939***	0.601***
											(0.0953)	(0.0642)
Popgrow	0.0397***	0.0435***	-0.0238***	-0.0346***	-0.0318***	-0.0212***	0.0369***	0.0437***	-0.0264***	-0.0286***	-0.0220***	-0.0145***
	(0.0117)	(0.009)	(0.0035)	(0.00592)	(0.00538)	(0.00403)	(0.0091)	(0.0077)	(0.00347)	(0.0052)	(0.0047)	(0.0035)
地区效应	有	有	有	有	有	有	有	有	有	有	有	有
年度效应	有	有	有	有	有	有	有	有	有	有	有	有
观测值	496	496	496	496	499	494	266	266	266	266	269	264
R²	0.208	0.317	0.377	0.568	0.439	0.408	0.136	0.281	0.463	0.610	0.501	0.479

注：括号内为稳健标准误，*表示p<0.10，**表示p<0.05，***表示p<0.01。

表6-4　人口流动对人口结构的影响检验二

因变量：Ageratio

变量	15~24岁 (1)	25~34岁 (2)	35~44岁 (3)	45~54岁 (4)	60岁以上 (5)	65岁以上 (6)	15~24岁 (7)	25~34岁 (8)	35~44岁 (9)	45~54岁 (10)	60岁以上 (11)	65岁以上 (12)
Laborflow2 滞后5期	0.023*** (0.0062)	0.0232*** (0.004)	-0.0026 (0.0028)	-0.015*** (0.0022)	-0.024*** (0.0035)	-0.016*** (0.0023)	—	—	—	—	—	—
Laborflow2 滞后10期	—	—	—	—	—	—	0.0298*** (0.0088)	0.0107 (0.0071)	-0.0098** (0.0044)	-0.018*** (0.0032)	-0.00867* (0.00444)	-0.00505 (0.00307)
Childratio 滞后5期	0.0969 (0.0612)	-0.205*** (0.0451)	-0.133*** (0.0213)	-0.105*** (0.0261)	0.0674*** (0.0241)	0.0537*** (0.0193)	—	—	—	—	—	—
Childratio 滞后10期	—	—	—	—	—	—	0.122** (0.0551)	-0.199*** (0.0511)	-0.189*** (0.0256)	-0.124*** (0.0251)	0.156*** (0.0335)	0.107*** (0.0225)
Ageratio45_54 滞后5期	—	—	—	—	0.495*** (0.0737)	0.316*** (0.0571)	—	—	—	—	—	—
Ageratio45_54 滞后10期	—	—	—	—	—	—	—	—	—	—	0.893*** (0.0940)	0.579*** (0.0630)
Popgrow	0.035*** (0.0109)	0.0389*** (0.00833)	-0.0233*** (0.00358)	-0.3317*** (0.00544)	-0.0307*** (0.00502)	-0.0206*** (0.00380)	0.0229*** (0.00819)	0.0387*** (0.00786)	-0.0222*** (0.00404)	-0.0200*** (0.00475)	-0.0198*** (0.00469)	-0.0130*** (0.00352)
地区效应	有	有	有	有	有	有	有	有	有	有	有	有
年度效应	有	有	有	有	有	有	有	有	有	有	有	有
观测值	496	496	496	496	499	494	266	266	266	266	269	264
R^2	0.244	0.384	0.379	0.610	0.507	0.479	0.184	0.291	0.446	0.657	0.486	0.474

注：括号内为稳健标准误，*表示 $p<0.10$，**表示 $p<0.05$，***表示 $p<0.01$。

的回归结果，为了可以比较清晰详尽地了解人口迁移对城市人口结构的多方面影响程度，让因变量 Ageratio 分别表示 6 个不同的年龄段人数比重，分别进行回归估计。从表 6-3 和表 6-4 均可看出，当因变量为较低年龄段人口比重时，人口迁移地区变量 Laborflow1 和 Laborflow2 的系数通常显著为正或不显著，而当因变量为较高年龄段人口比重时，Laborflow1 和 Laborflow2 的系数通常显著为负，特别是在所有回归中，Laborflow1 和 Laborflow2 对 60 岁以上人口比重的系数均显著为负。还可以看出，当人口迁移变量取 Laborflow2 时估计的边际效应普遍强于 Laborflow1 时，由于 Laborflow2 所定义的地区属于人口迁移规模最大、外来人口比重最多的地区，因此 Laborflow2 较强的边际效应说明人口迁移程度越高，对该地区人口结构的影响就越大。此外，估计结果显示，人口迁移对 35～54 岁年龄段人口比重的影响显著为负或不显著，这在一定程度上反映出人口回流的效应。导致外来人口回流的原因很多（张宗益等，2007；王子成和赵忠，2013），如果年轻人在人口流入地区从事的是较低技术水平、以体力为主的工作，经过数年时间后很可能被更年轻的外来人员所替代；也可能是户籍管制等原因，年轻人在流入地区的永久定居成本比较高；或者年轻人经过一段时间工作后获得了足够的经验与技能，回乡创业等，这些都降低了人口流入地区中年阶段人数比重。

总体上看，表 6-3 和表 6-4 的估计结果与理论分析是一致的：人口流入地区的外来人口基本以年轻人为主，从而推高了该地区的年轻人比重，也降低了该地区的老年人比重。这充分说明人口流动对我国的地区人口结构具有显著影响。使用了两种人口流动地区变量，对 6 个不同年龄段人口比重进行回归，得到的结论基本一致，说明本部分的研究结论是稳健可靠的，本书的理论逻辑与现实是吻合的。

6.2 人口结构变动与地区财政压力

根据本书的理论分析，政府需要维持财政收支平衡以便有足够财政资金支付给老年人社会保险收益，因此当老年人比重上升时，如果其他条件保持不变，那么政府财政收支状况将面临恶化，在这种情况下政府能够恢复财政收支平衡的措施是提高社会保险费率。因此本节需要考察人口结构变动对地区财政压力的效应。

6.2.1 人口流动与地区社会保险支付差异

根据理论分析，各地区在财政收支压力上的差异主要来自于社会保险支付差异，因而在考察人口结构变动的财政效应之前，有必要先了解人口迁移是否与地区社会保险支付差异之间存在联系。目前我国城市层面的社会保险基金收支数据缺失较为严重，只有辽宁等少数省份报告了若干年度的主要城市社会保险基金收支状况，因此本章只能使用省份的社会保险基金数据进行分析。但即使是省份层面的数据也存在很多缺失，养老保险基金数据最为完整，工伤和生育保险基金数据、医疗与失业保险基金数据缺失比较多。在样本量偏少的情况下，应用计量回归分析很难获得比较精确的估计值。因此本部分的实证策略是比较人口流出地区与人口流入地区在社会保险基金收余额上的差异，进行分组双样本差异检验，人口变迁引起地区老年人比重差异，如果本书的理论机制是正确的，那么这必将会引起地区社会保险基金余额上出现显著差异。

表6-5显示了养老、医疗、工伤、生育以及失业保险基金在2004年前后

人均收支余额的数据，与表 6 - 2 一样，分人口流入和流出两类地区对比。从表 6 - 5 可以看到，人口流入地区的社保基金收支余额显著高于人口流出地区，2004 年以后的两地区均值差异显著性要强于 2004 年以前的均值差异（2004 年以前有若干基金收支余额的地区差异是不显著的），2004 年以后地区养老基金收支余额差异要远大于其他社保基金收支余额的地区差异。无论按照 Labor-flow1 还是 Laborflow2 划分人口迁移地区，这些结论都是成立的。由此可见，人口流入地区的社会保险收支状况要好于人口流出地区，可以合理地推断人口流入地区的社会保险支付压力也应该小于人口流出地区。

表 6 - 5　人口流动与地区社会保险基金收支余额双样本检验

单位：元/人

Laborflow1		人口流入地区	人口流出地区	差异
养老保险基金收支余额	2004 年以前	15.79	21.01	-5.22
	2004 年以后	303.50	140.01	163.49***
医疗保险基金收支余额	2004 年以前	29.37	11.03	18.34***
	2004 年以后	78.53	32.17	46.36***
工伤保险基金收支余额	2004 年以前	2.20	0.78	1.43***
	2004 年以后	11.86	5.35	6.51***
生育保险基金收支余额	2004 年以前	1.93	0.34	1.59***
	2004 年以后	6.24	2.70	3.54***
失业保险基金收支余额	2004 年以前	5.16	6.18	1.02
	2004 年以后	46.37	19.88	26.49***
Laborflow2		人口流入地区	人口流出地区	差异
养老保险基金收支余额	2004 年以前	29.78	18.15	11.63
	2004 年以后	482.19	156.59	325.6***
医疗保险基金收支余额	2004 年以前	61.32	15.42	45.90***
	2004 年以后	105.80	42.26	63.54***

续表

	Laborflow2		
		人口流入地区	人口流出地区	差异
工伤保险基金收支余额	2004 年以前	7.56	1.08	6.48***
	2004 年以后	15.81	6.65	9.16***
生育保险基金收支余额	2004 年以前	7.20	0.49	6.71***
	2004 年以后	8.07	3.47	4.60***
失业保险基金收支余额	2004 年以前	39.16	6.88	32.28***
	2004 年以后	63.90	24.85	39.05***

注：根据 2000～2014 年中国各省份统计年鉴整理所得，＊表示 p＜0.10，＊＊表示 p＜0.05，＊＊＊表示 p＜0.01。

当然，由于双样本检验无法控制其他因素的影响，因此不能排除这样一种可能性：也许存在某种不可观测的地区固定效应或年度效应，使人口流入和流出地区在社会保险基金收支余额上出现显著差异。因此本部分还设计了另外个实证检验：以城市抚养比指标作为因变量，人口迁移地区变量作为主要解释变量，构建计量回归方程，该方程其余变量与式（6-1）大致相同，这里不再重复。如果人口流动可能影响地区社会保险基金收支状况，那么其中的传导过程应该是首先引起该地区老年人口抚养比的提高，继而才导致社会基金收支余额变化。因此可以预计人口流入地区应该比人口流出地区有更低的老年抚养比，但不一定有更低的总抚养比以及少儿抚养比。

城市抚养比实证检验的结果如表6-6所示。从表6-6可以看到，当因变量为总抚养比和少儿抚养比时，Laborflow1 和 Laborflow2 的滞后 5 期及滞后 10 期变量的系数估计值并没有呈现出统一的模式，大致而言，当滞后 5 期时人口流入地区的总抚养比和少儿抚养比略微显著少于人口流出地区，而当滞后 10 期时人口流入地区的总抚养比和少儿抚养比显著高于人口流出地区。这反映出外来人口流入的短期和长期效应：短期内扩大人口流入地区的人口基数，使抚

表6-6 人口流动与地区人口抚养比

	DR (1)	CDR (2)	ODR (3)	DR (4)	CDR (5)	ODR (6)	DR (7)	CDR (8)	ODR (9)	DR (10)	CDR (11)	ODR (12)
Laborflow1 滞后5期	-0.00952 (0.00881)	0.00182 (0.00573)	-0.0113** (0.00489)	—	—	—	—	—	—	—	—	—
Laborflow1 滞后10期	—	—	—	0.0173* (0.00933)	0.0275*** (0.00559)	-0.0102** (0.00511)	—	—	—	—	—	—
Laborflow2 滞后5期	—	—	—	—	—	—	-0.0368*** (0.0106)	-0.00246 (0.00756)	-0.0344*** (0.00577)	—	—	—
Laborflow2 滞后10期	—	—	—	—	—	—	—	—	—	0.0369*** (0.0136)	0.0450*** (0.00827)	-0.00815 (0.00728)
Childratio 滞后5期	1.478*** (0.0840)	1.166*** (0.0586)	0.311*** (0.0422)	—	—	—	1.337*** (0.102)	1.155*** (0.0762)	0.182*** (0.0430)	—	—	—
Childratio 滞后10期	—	—	—	0.942*** (0.121)	0.681*** (0.0866)	0.261*** (0.0459)	—	—	—	1.097*** (0.137)	0.857*** (0.0938)	0.240*** (0.0615)
Ageratio45_54 滞后5期	1.777*** (0.189)	0.504*** (0.131)	1.274*** (0.114)	—	—	—	1.614*** (0.184)	0.493*** (0.134)	1.122*** (0.107)	—	—	—
Ageratio45_54 滞后10期	—	—	—	0.295 (0.438)	-0.585** (0.280)	0.880*** (0.225)	—	—	—	0.539 (0.442)	-0.300 (0.279)	0.839*** (0.225)
Popgrow	0.0471*** (0.0161)	0.0787*** (0.0146)	-0.0315*** (0.00813)	0.0347 (0.0236)	0.0762*** (0.0192)	-0.0415*** (0.00985)	0.0492*** (0.0163)	0.0788*** (0.0147)	-0.0296*** (0.00769)	0.0228 (0.0243)	0.0620*** (0.0194)	-0.0392*** (0.0101)
地区效应	有	有	有	有	有	有	有	有	有	有	有	有
年度效应	有	有	有	有	有	有	有	有	有	有	有	有
观测值	509	509	509	287	287	287	509	509	509	287	287	287
R^2	0.701	0.778	0.471	0.504	0.696	0.325	0.710	0.778	0.514	0.511	0.706	0.321

注：括号内为稳健标准误，* 表示 $p < 0.10$，** 表示 $p < 0.05$，*** 表示 $p < 0.01$。

养比下降而长期中外来人口可能有相当部分定居于人口流入地区，使该地区生育率提高，引起少儿抚养比的上升，并相应提高了总抚养比。然而当考察老年抚养比时，可以看到在绝大部分情况下（只有一次回归估计结果例外），Laborflow1 和 Laborflow2 的系数估计值均显著为负，说明外来人口流入多的地区相对具有更低的老年抚养比。在前文社会保险基金收支地区差异双样本检验中发现，人口流入地区的社会保险基金收支余额相应比较高，而表6－6的实证检验结果则表明，人口流入地区的老年抚养比也显著低于人口流出地区。这些发现暗示老年人比重与地区财政状况密切相关，较高的老年人比重（或老年抚养比）将会加重地方财政收支负担。本书将在下一节正式验证这个可能性。

6.2.2　人口结构与地区财政压力的实证检验

本部分考察人口结构对地区财政压力的影响，本书的理论分析预计老年人比重提高将会对地区财政形成支付压力。关于地区财政压力的度量和定义，现有文献中并没有统一的做法，范子英（2015）将财政压力状况等同于财政收支状况，曹春方等（2014）以预算外收入/预算内支出度量基于可分配福利的财政压力。由于《中国城市统计年鉴》只公布了地级市的预算内财政收支数据，因此本部分综合范子英（2015）以及曹春方等（2014）的做法，将财政压力（Fiscalpress）定义为预算内财政收入/预算内财政支出，该值越高代表财政压力状况越宽松，该值越低则表示财政压力状况越紧张。根据我国的财政体制，社会保险的支付属于财政预算内科目，因而本节所定义的财政压力变量能够充分度量因社会保险支付而产生的财政压力状况。

本部分的实证检验策略是以城市的财政压力（Fiscalpress）指标作为因变量，以城市老年人比重（Oldratio）为主要解释变量，进行计量回归分析，如果老年人比重确实对地区财政形成较大的财政压力，那么变量 Oldratio 的系数

应该显著为负。实证检验结果如表 6 - 7 所示，第（1）列为仅控制了地区效
应的回归，可以看到 Oldratio 的系数在 1% 水平上显著为负，与本书预期相符。
为了控制住城市经济状况对财政压力的影响，第（2）列回归中加入一系列城
市和省份经济变量：城市实际最低工资对数（Lnminiwage）、城市就业人数对
数（Lncity_ emp）、城市实际工资对数（Lncity_ wage）、城市实际国内生产总
值对数（Lngdp）、城市实际外商直接投资对数（Lnfdi）以及所处省份消费者
物价指数（CPI），使用以 2000 年为基期的物价指数平减，所有控制变量均滞
后一期。根据赵文哲等（2010）、李尚蒲和罗必良（2015）以及王贺嘉
（2016）等国内文献，影响我国地区财政收支状况的重要因素还有地方经济开
放程度（Openlevel），定义为该地区以人民币币值计价的对外贸易进出口
总额/地区国内生产总值；财政分权程度（Buddec），定义为地区财政收入/中
央政府财政收入。此外，考虑到地区治理环境对地方经济（乃至财政状况）
的影响，本部分还将企业经营法制环境指数（Ranking）放入第（3）列计量
回归方程中。该指数来自王小鲁、余静文和樊纲的《中国分省企业经营环境
指数 2013 年报告》，属于省份层面的数据。除了城市和省份层面因素之外，城
市财政收支状况还受到宏观政策以及宏观事件的冲击，因此在表 6 - 7 的第
（4）列回归中将考虑两个重大的宏观冲击，一是 2004 年《最低工资规定》的
实施，标志着我国劳动成本开始持续上涨；二是 2008 年的全球金融危机，城
市外向型经济因此受到较大影响。使用变量 Effect2004 度量 2004 年后劳动成
本的变动程度，定义为 2004 年虚拟变量×城市实际最低工资对数[1]；使用虚拟
变量 Period2008 度量 2008 年金融危机的影响，定义为 2008 年以前为 0，2008
年以后为 1。

---

① 2004 年虚拟变量定义为 2004 年以前为 0，2004 年以后（含 2004 年）为 1。

表6-7 老年人比重对地区财政压力的影响

变量	因变量：Fiscalpress			
	（1）	（2）	（3）	（4）
Oldratio	-0.919***	-1.180***	-1.348***	-0.995***
	(0.337)	(0.277)	(0.276)	(0.264)
Lnminiwage	—	-0.106**	-0.116**	0.0115
		(0.0445)	(0.0474)	(0.0537)
Lncity_ emp	—	0.0121	0.0230	-0.00743
		(0.0186)	(0.0196)	(0.0194)
Lncity_ wage	—	0.0682	0.0788*	0.155**
		(0.0427)	(0.0466)	(0.0744)
Lngdp	—	0.0342	0.0234	0.0470*
		(0.0256)	(0.0260)	(0.0255)
Lnfdi	—	0.0534***	0.0551***	0.0486***
		(0.00711)	(0.00721)	(0.00645)
CPI	—	—	0.174*	0.191*
			(0.101)	(0.0990)
Openlevel	—	—	-0.116***	-0.174***
			(0.0409)	(0.0485)
Buddcc	—	—	0.565	0.783
			(0.492)	(0.501)
Ranking	—	—	-0.00143	-0.00045
			(0.00106)	(0.00094)
Effect2004	—	—	—	-0.00891***
				(0.00197)
Period2008	—	—	—	-0.169***
				(0.0168)
地区效应	有	有	有	有
观测值	3148	2436	2433	2433
R^2	0.262	0.551	0.558	0.620

注：括号内为稳健标准误，* 表示 $p < 0.10$，** 表示 $p < 0.05$，*** 表示 $p < 0.01$。

从表 6-7 可以看到，即使控制了省份和城市经济状况、开放程度、财政分权程度、地区治理环境以及宏观冲击影响之后，关键解释变量老年人比重（Oldratio）的系数估计值仍然在 1% 水平上显著为负，说明老年人比重的上升将会显著增加该地区财政压力。从经济显著性角度衡量，按照第（4）列回归估计结果计算，当城市的老年人比重上升一个标准差（0.037），财政压力指标将下降 0.0368（0.037×0.995），大约是财政压力指标组内标准差的 52%（0.0368/0.0712），大约是组间标准差的 17%（0.0368/0.2178）。可以看到，老年人比重变动可以解释横截面的城市间财政压力差异的 17%，可以解释城市财政压力指标时间序列变动的 52%，经济显著性也很强。

为了进一步确认老年人比重对城市财政压力的影响是一种因果联系，而非只是统计上的相关关系，本部分还考察不同年龄群体对城市财政压力的影响。如果本书理论所提出的因果机制符合实际情况，那么可以推断老龄化程度越高的群体，其对应的人口比重越高，对城市财政压力指标的负面效应也越大。表 6-8 的稳健性检验给出了 20 岁以上、30 岁以上、60 岁以上、65 岁以上、70 岁以上以及 75 岁以上群体所占比重变动对所在城市财政压力的影响效应。在各次回归中均控制住可能影响城市财政压力的城市、省份以及宏观变量。可以看到，当主要解释变量为年轻人比重较高的群体（20 岁以上人口比重），则其回归结果显示边际效应显著为正，意味着该群体人口比重上升能够有效缓解城市财政压力；但随着主要解释变量的群体逐步偏向于老年人，则其边际效应逐渐转成显著为负，意味着老年人比重的上升增加了城市财政压力，而且随着群体老龄化程度越来越高，群体比重变动的边际负效应越来越大。由此可见，老年人比重上升确实能够显著增加城市财政压力。

表6-8　稳健性检验

变量	因变量：Fiscalpress					
	（1）	（2）	（3）	（4）	（5）	（6）
Ageratio20	0.481 ***	—	—	—	—	—
	(0.159)					
Ageratio30	—	0.00198	—	—	—	—
		(0.132)				
Oldratio	—	—	-0.995 ***	—	—	—
			(0.264)			
Ageratio65	—	—	—	-1.343 ***	—	—
				(0.391)		
Ageratio70	—	—	—	—	-2.028 ***	—
					(0.579)	
Ageratio75	—	—	—	—	—	-3.271 ***
						(0.926)
Lnminiwage	0.0381	0.0322	0.0115	0.00755	0.0118	0.0183
	(0.0533)	(0.0552)	(0.0537)	(0.0539)	(0.0540)	(0.0541)
Lncity_ emp	-0.00811	-0.00841	-0.00743	-0.00727	-0.00882	-0.00997
	(0.0199)	(0.0205)	(0.0194)	(0.0195)	(0.0196)	(0.0197)
Lncity_ wage	0.131 *	0.149 **	0.155 **	0.154 **	0.154 **	0.154 **
	(0.0690)	(0.0740)	(0.0744)	(0.0746)	(0.0747)	(0.0750)
Lngdp	0.0422 *	0.0475 *	0.0470 *	0.0461 *	0.0475 *	0.0489 *
	(0.0254)	(0.0267)	(0.0255)	(0.0257)	(0.0256)	(0.0257)
Lnfdi	0.0472 ***	0.0499 ***	0.0486 ***	0.0494 ***	0.0497 ***	0.0503 ***
	(0.00677)	(0.00684)	(0.00645)	(0.0065)	(0.00649)	(0.00651)
CPI	0.322 ***	0.208 **	0.191 *	0.202 **	0.157	0.0995
	(0.1040)	(0.0995)	(0.0990)	(0.0981)	(0.0997)	(0.1030)
Openlevel	-0.130 ***	-0.141 ***	-0.174 ***	-0.168 ***	-0.169 ***	-0.174 ***
	(0.0498)	(0.0516)	(0.0485)	(0.0484)	(0.0477)	(0.0475)
Buddec	0.430	0.440	0.783	0.736	0.712	0.706
	(0.519)	(0.517)	(0.501)	(0.502)	(0.497)	(0.493)

续表

变量	因变量：Fiscalpress					
	(1)	(2)	(3)	(4)	(5)	(6)
Ranking	0.00116	0.00056	-0.00045	-0.00048	-0.00048	-0.0005
	(0.00095)	(0.00094)	(0.00094)	(0.00096)	(0.00096)	(0.00095)
Effect2004	-0.01340***	-0.01280***	-0.00891***	-0.00857***	-0.00850***	-0.00896***
	(0.00187)	(0.00234)	(0.00197)	(0.00207)	(0.00205)	(0.00196)
Period2008	-0.177***	-0.175***	-0.169***	-0.170***	-0.168***	-0.165***
	(0.0155)	(0.0170)	(0.0168)	(0.0168)	(0.0167)	(0.0165)
地区效应	有	有	有	有	有	有
观测值	2429	2429	2433	2423	2423	2423
R^2	0.615	0.607	0.620	0.619	0.619	0.618

注：括号内为稳健标准误，*表示 $p<0.10$，**表示 $p<0.05$，***表示 $p<0.01$。

如果老年人比重上升增加了对城市财政收支压力，那么很自然的一个问题是：哪一个年龄段群体对城市财政贡献更大？表6-9给出了60岁以下各个年龄段群体对地区财政的边际效应，从中可以看出各个群体的贡献大小。表6-9的估计结果显示，少儿群体对城市财政收支的贡献效应是负的，这是容易理解的：少年儿童没有具备参加工作创造价值的能力，还需要家庭和社会的各方面投入；对城市财政贡献最显著的群体是25~44岁，这个时期的人们处于体力、智力和创造力的成熟期，能够给城市财政贡献大量收入，但是需要城市财政的投入却比较少。从表6-9的实证检验结果可知，如果人口流入地区获得的外来人员是以年轻人为主，那么将会显著改善本地区的财政收支状况，而人口流出地区则很可能因此而恶化了本地区的财政收支状况。

表6-9　不同年龄段群体对地区财政的贡献

变量	因变量：Fiscalpress				
	（1）	（2）	（3）	（4）	（5）
Childratio	-0.632***	—	—	—	—
	(0.155)				
Ageratio15_24	—	0.0987	—	—	—
		(0.194)			
Ageratio25_34	—	—	1.400***	—	—
			(0.235)		
Ageratio35_44	—	—	—	1.250***	—
				(0.328)	
Ageratio45_54	—	—	—	—	-0.439
					(0.312)
Lnminiwage	0.0403	0.0298	0.0237	0.0421	0.0308
	(0.0532)	(0.0546)	(0.0523)	(0.0530)	(0.0542)
Lncity_emp	-0.00662	-0.00783	-0.00747	-0.0141	-0.00741
	(0.0195)	(0.0202)	(0.0192)	(0.0203)	(0.0201)
Lncity_wage	0.130*	0.150**	0.140**	0.130*	0.151**
	(0.0684)	(0.0735)	(0.0698)	(0.0684)	(0.0738)
Lngdp	0.0394	0.0460*	0.0416*	0.0556**	0.0464*
	(0.0252)	(0.0265)	(0.0249)	(0.0258)	(0.0263)
Lnfdi	0.0463***	0.0498***	0.0454***	0.0490***	0.0504***
	(0.00667)	(0.00673)	(0.00634)	(0.00671)	(0.00677)
CPI	0.342***	0.227**	0.0582	0.256***	0.202**
	(0.1030)	(0.1030)	(0.1020)	(0.0978)	(0.0985)
Openlevel	-0.125***	-0.148***	-0.196***	-0.120**	-0.156***
	(0.0475)	(0.0498)	(0.0447)	(0.0475)	(0.0487)
Buddec	0.777	0.420	0.859*	0.456	0.475
	(0.506)	(0.523)	(0.480)	(0.500)	(0.505)
Ranking	0.00125	0.00042	-0.00069	0.00157*	0.00030
	(0.00093)	(0.00093)	(0.00093)	(0.00092)	(0.00094)

续表

变量	因变量：Fiscalpress				
	（1）	（2）	（3）	（4）	（5）
Effect2004	− 0. 0138 ***	− 0. 0125 ***	− 0. 00191	− 0. 0178 ***	− 0. 0116 ***
	（0. 00188）	（0. 00197）	（0. 00233）	（0. 00248）	（0. 00202）
Period2008	− 0. 174 ***	− 0. 177 ***	− 0. 151 ***	− 0. 173 ***	− 0. 176 ***
	（0. 0159）	（0. 0174）	（0. 0161）	（0. 0156）	（0. 0169）
地区效应	有	有	有	有	有
观测值	2433	2429	2429	2429	2429
R^2	0. 617	0. 608	0. 638	0. 618	0. 609

注：括号内为稳健标准误，* 表示 $p < 0.10$，** 表示 $p < 0.05$，*** 表示 $p < 0.01$。

6.3 财政压力对地区社会保险费率及基数的影响

本部分将考察财政压力对地区社会保险费率及缴费基数的影响。首先给出我国城市层面社会保险费率和基数的概述性统计描述，并专门对比地理位置相邻但人口流动状况差异明显的省份社会保险费率和基数，归纳总结出其中规律性的模式，以印证本书的理论逻辑。随后将构建计量回归模型，实证检验城市财政压力对社会保险费率和基数的因果关系，为解决其中存在的内生性问题，本部分将采用2SLS估计方法。

6.3.1 我国地区社会保险费率及基数概述

尽管统一的《社会保险法》直到 2010 年才出台，但在这之前国务院从 20

世纪90年代起就已经通过一系列文件先后在全国范围内实施了养老、医疗、失业、工伤以及生育保险制度，覆盖面涉及城镇职工、城镇个体工商户、灵活就业人员以及农村居民。各地区（特别是省份）也先后出台了一系列规定，对具体的社会保险费率、基数以及计征方法做了相应的规定。企业被纳入城镇职工社会保险的体制内，企业和职工都要同时缴纳养老、医疗和失业保险费用（职工缴纳部分由企业代交）。工伤和生育保险费用由企业缴纳，个人不需要交。在社会保险费用中，企业法定缴纳部分达32%以上，而个人约为10%。企业缴纳部分进入社会保险统筹账户，个人缴纳的养老保险和医疗保险费用则进入个人账户。目前尚没有建立起全国统筹的社会保险体制，最高统筹层次是省份一级。因此，如果来自省外的外来人员回流时，其社会保险统筹部分无法转移，只能将个人账户转回原籍省份，尽管国家会通过中央调剂制度适度转移补偿，但还是有大部分的社会保险资金需要留在人口流入地区。这也是造成人口流入地区与流出地区财政收支状况出现差异的一个重要因素。

第4章给出了我国城市社会保险费率的描述性统计，但并未详加说明，本节将对2000～2013年我国城市社会保险费率以及基数做一个比较全面的概述。正如上段所述，我国没有统一的社会保险统筹体制，各省份根据本地实际情况来制定相应的社会保险实施办法，实行区域内统筹，因此对于社会保险费率以及基数的规定必然存在一定的地区差异。随着社会经济发展，各地区在社保费率和基数的计征标准和方式等方面先后做了不少调整。由于缺乏统一公开的数据可资利用，完全依靠笔者手工收集整理，在数据上可能存在一定的缺失，因此本书此处对我国社会保险费率和基数的概述并不一定完全精确。

企业社会保险费率的定义已经在第4章给出，此处不在赘述。地方政府在征缴社会保险费用时，一般以企业职工工资为缴费基数，即企业要为每个职工缴纳的社会保险费用等于职工工资乘以相应的社会保险缴费费率。但是一般而言，如果职工工资低于当地社会平均工资的60%，则按照当地社会平均工资 60%计征社会保险费，如果职工工资高于当地社会平均工资的300%，则按照 当地社会平均工资的300%计征社会保险费，超过部分不算入缴费基数，不再 计征社会保险费用①。因此，社会平均工资的高低在一定程度上也能反映出该 地区实际社会保险费用成本的高低。在本书中，根据大部分地区通行的规定， 以当地社会平均工资的60%为社会保险缴费基数。表6-10提供了全国各省 份城市（含地级市、副省级城市和直辖市）社会保险费率及基数的基本统计 特征。

表6-10　2000~2013年全国地区社会保险费率及基数

	社会保险费率			差异	社会保险基数			差异
	组间	组内	均值		组间	组内	均值	
全国	0.024	0.010	0.295		792.36	841.73	1336.65	
广东	0.038	0.023	0.234	-0.07***	298.09	469.69	1325.78	-43.81
广西	0.007	0.006	0.304		295.28	467.26	1369.59	
浙江	0.032	0.022	0.270	-0.039***	42.85	438.24	1232.07	64.93
安徽	0.005	0.011	0.309		35.86	693.48	1167.14	
福建	0.009	0.006	0.280	-0.013***	79.89	522.61	1143.38	8.89
江西②	—	0.002	0.293		—	551.58	1134.49	
河北	0.002	0.007	0.296	0.003***	10.65	577.58	1071.81	114.52
河南	0.003	0.005	0.293		212.28	499.72	957.29	

注：根据手工收集的2000~2013年全国地级市、副省级城市及直辖市社会保险费率及基数整理， 其中"组间"代表组间标准误，"组内"代表组内标准误；* 表示 p < 0.10，** 表示 p < 0.05，*** 表示 p < 0.01。

---

① 这只是大多数省份通用的规定，也有若干省份没有规定缴费基数的上下限，如根据2000年 《辽宁省城镇企业职工养老保险条例》的规定，只有职工个人缴费基数有上下限，企业则以职工工资总 和为缴费基数。

② 江西只搜集到南昌市的数据，因此没有组间标准误。

从表 6-10 的全样本统计可以看到，我国地区社会保险费率变差主要来自于城市间（组间）的差异，其组间标准差约相当于均值的 8%，城市内的时序差异相对较小；但社会保险缴费基数的变动，无论是城市间还是城市内，变差都相当大，组间标准差相当于均值的 59%，组内标准差相当于均值的 63%。从我国地区社会保险政策实施的具体情况来看，这个统计结果是合理的。地区社会保险费率的变动需要该地区在国家社会保险政策变动的基础上制定出合理的社会保险改动政策，存在一定的政策刚性，而社会保险缴费基数则可以每年调整，每年公布实施，比较灵活，因此缴费费率的变差相对较小，缴费基数的变差相对较大。表 6-10 还列出了相邻近的两个省份的差异对比，可以发现社会保险的地区间差异主要体现在社保费率上，而非社保缴费基数。表 6-10 列出了四组省份，广东与广西属于人口流动差异最大的一组（按照人口流动比率以及外来人口比重），浙江与安徽次之，福建与江西又次之，河北与河南均属于人口流出地区，差异不大。表 6-10 的均值统计表明，人口流入地区（广东、浙江和福建）的社会保险费率显著低于人口流出地区（广西、安徽和江西）；而且人口流动差异越大的组，社会保险费率的差异也越大，广东的社会保险费率低于广西 7%，浙江的社保费率低于安徽 3.9%，福建的社会保险费率低于江西 1.3%，河北与河南的社会保险费率差异只有 0.3%。相比之下，两类地区在社会保险缴费基数上的差异均不显著。地区的社会保险缴费基数与地区社会平均工资密切相关，一般来说，人口流入地区的人均收入较高，因此也具有较高的社会平均工资以及缴费基数，人口流出地区的人均收入较低，其社会平均工资和缴费基数理应较低。因此，两类地区缴费基数统计上不显著的结果实际上表明，人口流出地区的社会保险缴费基数偏高，而人口流入地区的社会保险缴费基数偏低。由于社会保险政策修改需要一定的时间和必要的程序，社会保险费率的调整难度比较大，因此现实中很多地区偏向于通过调整缴

费基数以达到调节企业和个人社会保险缴费成本的目的。

6.3.2　财政压力对地区社会保险费率及基数的影响实证检验

本部分将应用计量回归分析方法识别城市财政压力对该城市社会保险费率以及基数的因果关系。在拟估计的计量回归方程中，因变量分别为城市社会保险费率以及城市实际社会保险缴费基数的对数①，主要解释变量是城市的财政压力变量（Fiscalpress）。城市财政收支状况与社保费率及基数之间很可能存在逆向因果关系，城市社保费率与基数的提高，在一定程度上能够改善城市的财政收支状况。因此计量回归方程的估计存在明显的内生性问题，财政压力变量（Fiscalpress）系数的 OLS 估计值是不准确的。本部分将选择城市老年人比重作为财政压力变量的工具变量，以克服计量回归方程中的逆向因果关系。正如本书理论分析以及本章第一部分的实证检验结果，城市老年人比重上升，将引起城市财政收支紧张，导致财政压力变量值下降（注意，该变量值下降意味着财政压力增加）；同时，地区人口结构属于该地区长期性的特征变量，主要受到一些长期因素的影响，与短期的社会保险费率或基数无关。

使用工具变量的 2SLS 估计结果如表 6 - 11 和表 6 - 12 所示，表 6 - 11 是因变量为城市社会保险费率（SC_ city）的回归结果，表 6 - 12 是因变量为城市实际社会保险基数对数（LnSCbase）。2SLS 估计中的第一阶段回归结果其实已经在本章第一部分的表 6 - 8 中给出，故而此处不再占用篇幅重复。表 6 - 11 和表 6 - 12 均有 6 次第二阶段回归结果，分别对应以不同的人口结构变量为工具变量。可以预期，第二阶段回归中 Fiscalpress 的系数应该显著为负，即财政压力上升（该变量值下降）会促使该地区政府提高社会保险费率与基数。

---

① 以该城市所在省份 2000 年为基期的消费者物价指数平减。

表 6－11　财政压力对地区社会保险费率的影响

工具变量	因变量：SC_ city					
	Ageratio20	Ageratio30	Oldratio	Ageratio65	Ageratio70	Ageratio75
	（1）	（2）	（3）	（4）	（5）	（6）
Fiscalpress	0. 115	1. 549	− 0. 281 **	− 0. 318 **	− 0. 317 **	− 0. 287 **
	(0. 0941)	(3. 931)	(0. 113)	(0. 137)	(0. 139)	(0. 129)
Lnminiwage	0. 00482	0. 121	− 0. 0274 *	− 0. 0305	− 0. 0304	− 0. 0279
	(0. 00905)	(0. 3100)	(0. 0160)	(0. 0190)	(0. 0190)	(0. 0172)
Lncity_ emp	0. 00393	− 0. 0227	0. 0113	0. 0119	0. 0119	0. 0113
	(0. 00744)	(0. 0727)	(0. 00842)	(0. 00916)	(0. 00917)	(0. 00867)
Lncity_ wage	− 0. 0233	− 0. 402	0. 0811 **	0. 0913 **	0. 0911 **	0. 0830 **
	(0. 0250)	(1. 0310)	(0. 0325)	(0. 0394)	(0. 0394)	(0. 0360)
Lngdp	− 0. 00329	− 0. 0342	0. 00523	0. 00606	0. 00603	0. 00537
	(0. 00670)	(0. 08910)	(0. 00822)	(0. 00910)	(0. 00907)	(0. 00838)
Lnfdi	− 0. 00537	− 0. 0751	0. 0139 **	0. 0157 **	0. 0156 **	0. 0141 **
	(0. 00483)	(0. 1960)	(0. 00572)	(0. 00682)	(0. 00690)	(0. 00642)
CPI	0. 0432 *	− 0. 0646	0. 0729 **	0. 0669 *	0. 0668 *	0. 0654 *
	(0. 0243)	(0. 2850)	(0. 0359)	(0. 0380)	(0. 0377)	(0. 0343)
Openlevel	0. 00935	0. 212	− 0. 0465 *	− 0. 0521 *	− 0. 0519 *	− 0. 0476 *
	(0. 0263)	(0. 5430)	(0. 0265)	(0. 0300)	(0. 0301)	(0. 0280)
Buddec	− 0. 324 **	− 1. 593	0. 0262	0. 0621	0. 0612	0. 0342
	(0. 160)	(3. 382)	(0. 218)	(0. 246)	(0. 245)	(0. 223)
Ranking	− 0. 00105 ***	− 0. 00212	− 0. 00075 **	− 0. 00071 *	− 0. 00071 *	− 0. 00073 **
	(0. 00022)	(0. 00408)	(0. 00035)	(0. 00040)	(0. 00040)	(0. 00036)
Effect2004	0. 00133	0. 0177	− 0. 00318 **	− 0. 00363 **	− 0. 00362 **	− 0. 00328 **
	(0. 00101)	(0. 04480)	(0. 00127)	(0. 00156)	(0. 00158)	(0. 00146)
Period2008	0. 0173	0. 273	− 0. 0533 ***	− 0. 0602 **	− 0. 0601 **	− 0. 0546 **
	(0. 0165)	(0. 7040)	(0. 0199)	(0. 0241)	(0. 0242)	(0. 0223)
地区效应	有	有	有	有	有	有
观测值	1853	1853	1853	1847	1847	1847
R^2	—	—	—	—	—	—

注：括号内为稳健标准误，* 表示 p < 0. 10，** 表示 p < 0. 05，*** 表示 p < 0. 01。

表 6 – 12   财政压力对地区社会保险基数的影响

工具变量	因变量：LnSCbase					
	Ageratio20	Ageratio30	Oldratio	Ageratio65	Ageratio70	Ageratio75
	（1）	（2）	（3）	（4）	（5）	（6）
Fiscalpress	− 0. 169	− 1. 460	− 0. 911***	− 0. 862***	− 0. 754**	− 0. 657**
	(0. 353)	(5. 028)	(0. 292)	(0. 307)	(0. 305)	(0. 303)
Lnminiwage	0. 368***	0. 573	0. 486***	0. 473***	0. 456***	0. 441***
	(0. 0751)	(0. 834)	(0. 108)	(0. 107)	(0. 103)	(0. 0994)
Lncity_ emp	− 0. 0890*	− 0. 0721	− 0. 0793*	− 0. 0803**	− 0. 0817**	− 0. 0829**
	(0. 0485)	(0. 0726)	(0. 0404)	(0. 0406)	(0. 0411)	(0. 0417)
Lncity_ wage	0. 141	0. 189	0. 168	0. 167	0. 163	0. 159
	(0. 0856)	(0. 199)	(0. 112)	(0. 111)	(0. 106)	(0. 101)
Lngdp	0. 0953**	0. 140	0. 121***	0. 121***	0. 117***	0. 114***
	(0. 0425)	(0. 193)	(0. 0449)	(0. 0441)	(0. 0430)	(0. 0423)
Lnfdi	− 0. 0132	0. 0649	0. 0317	0. 0288	0. 0223	0. 0164
	(0. 0207)	(0. 303)	(0. 0197)	(0. 0203)	(0. 0200)	(0. 0199)
CPI	− 0. 0664	0. 212	0. 0938	0. 0592	0. 0407	0. 0239
	(0. 228)	(1. 078)	(0. 221)	(0. 220)	(0. 221)	(0. 222)
Openlevel	0. 0913	− 0. 108	− 0. 0231	− 0. 0155	0. 00107	0. 0161
	(0. 0945)	(0. 769)	(0. 0743)	(0. 0770)	(0. 0788)	(0. 0800)
Buddec	0. 0214	− 0. 0181	− 0. 00131	− 0. 00662	− 0. 00328	− 0. 000256
	(0. 601)	(1. 006)	(0. 702)	(0. 684)	(0. 646)	(0. 619)
Ranking	− 0. 00149	− 0. 00278	− 0. 00223	− 0. 00224	− 0. 00213	− 0. 00203
	(0. 00142)	(0. 00591)	(0. 00174)	(0. 00170)	(0. 00161)	(0. 00153)
Effect2004	0. 0205***	0. 0122	0. 0157***	0. 0162***	0. 0169***	0. 0175***
	(0. 00414)	(0. 0335)	(0. 00458)	(0. 00450)	(0. 00426)	(0. 00408)
Period2008	0. 170***	− 0. 0326	0. 0535	0. 0623	0. 0791	0. 0944*
	(0. 0638)	(0. 782)	(0. 0505)	(0. 0522)	(0. 0511)	(0. 0498)
地区效应	有	有	有	有	有	有
观测值	1155	1155	1155	1149	1149	1149
R^2	0. 662	0. 483	0. 643	0. 653	0. 667	0. 676

注：括号内为稳健标准误，* 表示 $p < 0.10$，** 表示 $p < 0.05$，*** 表示 $p < 0.01$。

表6-8的第一阶段回归结果曾显示20岁以上人口比重和30岁以上人口比重对地区财政压力变量的影响不显著或显著为正，只有60岁以上群体比重才对地区财政压力变量具有显著为负的影响。因此，年轻人比重较大的人口结构变量并不是一个合适的工具变量（本书的理论逻辑也暗示了这一点）。根据本书的理论分析，如果对地区财政压力产生实质影响的是该地区的老龄人口比重，那么以年轻化程度比较高的群体比重作为工具变量的系数估计值将不会在第二阶段产生和理论预期相符的显著负值。从表6-11和表6-12的第二阶段回归结果来看，当工具变量为 Ageratio20 和 Ageratio30 时，感兴趣的解释变量 Fiscalpress 的系数估计值是不显著的，而当工具变量为60岁以上群体比重时，Fiscalpress 的系数均显著为负。由此可见，城市财政压力的提高，显著正向影响到该城市的社会保险费率和基数，其内在的传导路径是：老年人群体比重变动影响到城市财政压力，进而影响地方政府对社会保险费率和缴费基数的决定。此外，需要说明因变量为 LnSCbase 时的回归含义。由于因变量为对数值，且一个变量对数的微分等于该变量的增长率，所以表6-12的回归结果实际上表明地区财政压力的增加显著提升了地区社会保险缴费基数的增长率。因此，尽管人口流入与流出地区在社会保险基数水平值上差异并不显著，但是在人口流出地区受到更大的财政压力（因为老年人口比重高），因而有着更高的社会保险基数增长率。

6.4　本章小结

本章收集了全国287个地级市、副省级城市以及直辖市的社会保险费率以及基数，匹配以城市层面的其他经济数据，全方位实证分析人口迁移、地区人口结构变动、地区财政收支状况、地区社会保险费率和基数之间的传导过程。首先，利用2000年和2010年全国各省份人口调查数据，计算出我国各省份的人口流动比率以及外来人口比率，在此基础上区分了人口流入地区和流动地区。然后考察两类地区在人口结构上的差异，以便识别出人口流动对地区人口结构变动的影响。实证检验发现人口迁移对我国的地区人口结构具有显著影响，人口流入地区的外来人口基本以年轻人为主，从而推高了该地区的年轻人比重，也降低了该地区的老年人比重。对于社会保险基金收支状况的双样本检验结果显示：人口流入地区的社保基金收支余额显著高于人口流出地区，2004年以后的地区均值差异显著性要强于2004年以前的均值差异，而且2004年以后地区养老基金收支余额差异要远大于其他社保基金收支余额的地区差异。本章接着构建计量回归方程实证检验人口结构变动对地区财政压力的影响，发现老年人比重的上升会显著增加该地区财政压力，而其他年龄段群体比重的变动并没有出现类似效应。其次，研究了我国地区社会保险费率和基数的统计特征，发现其中存在明显的地区差异，而且社会保险缴费基数变动程度相比社保费率要大，意味着地方政府可能倾向于通过调整基数提高企业和个人的社会保险费用。最后，应用工具变量估计方法识别城市财政压力对城市社会保险费率以及基数的因果联系，实证检验结果表明城市财政压力的提高，使城市社会保险费率得到显著上升，并能显著提升地区社保缴费基数的增长率。

本书的第4章和第5章重点从企业层面角度出发，考察企业社会保险成本变动的经济后果，本章则深入探究引起企业社会保险成本变动的深层次机制。根据本书的理论分析，人口跨省份流动造成地区间人口结构的差异，从而影响到地区财政压力，地方政府将倾向于上调该地区的社会保险费率以及基数，以缓解来自社会保险的地区财政收支压力。本章的实证研究全面细致地识别和检验了以上理论传导链条上的各种因果联系，验证了本书理论分析提出的结论 4 和结论 5，从而比较全面地考察了整个理论机制。

第7章 地区经济发展与企业社会保险成本的良性循环和恶性锁定效应

本书此前研究企业社会保险成本变动的经济后果,并从人口跨地区流动的角度出发,考察了引致企业社会保险成本地区差异的一系列传导机制。本章则将更进一步考察地区经济发展与企业社会保险成本之间的相互联系。一方面研究地区经济发展是否能够有效减少企业社会保险成本,在研究中将充分考虑地区人口流动程度上的差异;另一方面对地区社会保险缴费政策(费率、基数以及缴费政策强度)影响地区经济发展做探索性分析。以期能够从研究中获得降低中西部地区企业社保成本,促进实体经济发展的启发性思路。

7.1　地区经济发展影响企业社会保险成本的实证研究

7.1.1　实证策略

本书此前的研究已经证实，地区财政压力能够显著影响城市社会保险费率和基数，从而影响企业社会保险成本。除了调整社会保险费率和缴费基数外，地方政府还有多种方式调整企业社会保险支出比重，如：地方政府可以放宽征缴力度，允许企业延迟缴纳社保费用，重新核算企业的缴费工资等，达到减轻企业社保负担的目的；反之，地方政府同样可以采取加强征缴力度，层层划分征收目标任务，征收滞纳金，将企业福利奖金一并算为缴费工资基数等方式，客观上提高了企业的社会保险成本支出比重。

地区经济发展意味着经济总产出增加，地方政府从中得到的财政收入也相应增加，缓解了地区财政压力，从而降低了地方政府通过上调社会保险费率和基数、加强社会保险费用征缴力度为社会保险支付融资的动机。地区经济发展还意味着该地区的企业得到较大发展，企业规模增大，雇员增多，新企业不断出现，使地方政府社会保险费用征缴范围扩大了。因此，很自然的一个推想是：地区经济发展，财政收支状况得以改善，就可以有效降低企业的社会保险成本。但是正如本书理论所指出的，对于因社会保险支付而产生的财政压力，其地区差异的根源在于地区人口流动状况，如果地区人口流动状况得不到根本改变，那么地区经济发展很可能无法缓解因社会保险支付而产生的财政压力，故而也无法真正降低企业社会保险成本。由此可见，地区经济发展与企业社会保险成本之间的关系是复杂的，很可能不存在单调关系，并且与地区人口流动程度密切相关：如果该地区属于人口净流入地区，老年人比重较低，社会保险支付的财政压力较小，则地区经济发展能够有效减少当地企业的社会保险成本比重；而如果该地区属于人口净流出地区，老年人比重较高，社会保险支付的财政压力较大，则地区经济发展与企业社会保险成本比重之间很可能没有明显的负向关系。

因此，根据以上思路，为了探究地区经济发展与企业社会保险成本之间的非线性联系，本章的实证策略是根据人口流动程度分地区进行回归分析。首先，按照人口流动比率将样本城市分为三类地区：第一类地区的人口流动比率大于2，为人口流入地区；第二类地区的人口流动比率小于2，但大于0.3，定义为中间地区，其人口流入和流出差异程度不大；第三类地区的人口流动比率小于0.3，定义为人口流出地区。然后，定义一系列反映地区经济发展的指标，使用如下计量回归方程进行实证检验：

$$SC_{it} = \alpha + \beta M_{it-1} + \gamma X_{it-1} + \eta_s + \delta_t + \varepsilon_{it} \qquad (7-1)$$

其中，M_{it-1} 表示地区经济发展指标，为保证研究结论的稳健性，此处使用三个地区经济指标：城市限额以上每万人工业企业数量对数（lnindnum）、城市限额以上工业企业产品人均利税总额对数（lnprotax）以及城市人均国内生产总值对数（lngdp），利税总额与国内生产总值均用以 2000 年为基期的该城市所在省 CPI 平减为实际值。lnindnum 度量城市企业发展的总体状况，企业数量的增长以及由此带来的就业增加扩大了地区社保费用征缴的范围；lnprotax 度量城市税收基础，我国目前还是以企业税为主的财政体制，企业利税总额越大，则意味着地方财政收入越有保障；lngdp 度量城市总体经济状况，经济状况越好的城市有更充足的税费来源。如果人口流动是导致地区社保支付财政压力变动的根源，那么可以预计在人口流入地区，β 系数应该显著为负，而在中间地区以及人口流出地区，β 系数应该不存在这种关系（可以不显著或显著为正）。

7.1.2　实证检验

计量回归方程（7-1）的估计结果如表 7-1 所示，其中第 1 列、第 4 列和第 7 列为人口流入地区样本的回归结果，第 2 列、第 5 列和第 8 列为中间地区样本的回归结果，第 3 列、第 6 列和第 9 列为人口流出地区样本的回归结果。可以看到，在人口流入地区样本组中，地区经济发展指标变量 lnindnum、lnprotax 和 lngdp 的系数均显著为负，而在中间地区样本组和人口流出地区样本组，系数变量或不显著或显著为正，并没有呈现出统一的模式。这说明在人口流入地区，经济发展状况越好，企业的社会保险支出比重就越低；而在人口流出地区，由于人口流出导致的社会老龄化问题长期存在，因此经济发展并不能带来企业社保成本的降低。这个结果意味着可能存在两种不同的效应：一是良性循环效应：地区经济发展显著减少该地区企业的社会保险成本支出，根据本书此前的实证研究，企业社保支出比重下降可以增加企业利润，扩大企业投资，并吸引新企业创立，从而促进该地区的经济增长，形成低成本负担—高经济增长的良性循环；二是恶性锁定效应：地区经济发展与企业社保成本支出比重无关（甚至是正相关），企业社保成本得不到有效降低，企业利润处于低水平，投资不振，对创业的吸引力小，短期的经济发展最终难以持续，看起来该地区似乎已经锁定在这样的困境，难以走出。在本书第 6 章也可以看到，在人口持续大规模流入的东南沿海省份，其城市社会保险费率普遍低于中西部人口持续流出的城市，而且两类地区的以社会平均工资为基础的社会保险缴费基数基本一样，众所周知，东南沿海地区的工资水平要远高于中西部地区。因此，

表7-1 地区经济发展与企业社会保险成本

因变量：SC

变量	(1)	(2)	(3)	(4)	(5)	(6)	(7)	(8)	(9)
Lnindnum	-0.00625*** (0.00095)	-0.000701 (0.00181)	0.00955*** (0.00202)	—	—	0.0156*** (0.00302)	—	—	—
Lnprotax	—	—	—	-0.00695*** (0.00256)	0.0189*** (0.00324)	—	—	—	—
Lngdp	—	—	—	—	—	—	-0.0209*** (0.00103)	-0.00066 (0.00311)	0.0181*** (0.00431)
Cashratio	0.00141 (0.00110)	0.00827*** (0.00201)	0.00569** (0.00223)	0.00288 (0.00215)	0.00989** (0.00399)	0.0126** (0.00497)	0.00134 (0.00110)	0.00827*** (0.00201)	0.00530** (0.00223)
Debt	-0.00821*** (0.00096)	0.0214*** (0.00160)	0.0179*** (0.00175)	-0.00142 (0.00172)	0.0285*** (0.00291)	0.0199*** (0.00353)	-0.00823*** (0.00096)	0.0214*** (0.00160)	0.0178*** (0.00176)
Salegrow	-0.00496*** (0.00022)	-0.00372*** (0.00029)	-0.00462*** (0.00034)	-0.00662*** (0.00047)	-0.00820*** (0.00073)	-0.00796*** (0.00085)	-0.00495*** (0.00022)	-0.00372*** (0.00029)	-0.00460*** (0.00034)
Unionrate	0.0618*** (0.00075)	0.0813*** (0.00133)	0.0868*** (0.00148)	0.0794*** (0.00110)	0.0979*** (0.00175)	0.105*** (0.00229)	0.0618*** (0.00075)	0.0813*** (0.00133)	0.0869*** (0.00148)
State	0.0139*** (0.00093)	0.00305 (0.00235)	0.00401 (0.00282)	0.0220*** (0.00162)	0.0122*** (0.00382)	0.0211*** (0.00541)	0.0139*** (0.00093)	0.00304 (0.00235)	0.00396 (0.00282)
Private	-0.0131*** (0.00087)	-0.0197** (0.00233)	-0.0275*** (0.00279)	-0.0186*** (0.00159)	-0.0209*** (0.00389)	-0.0282*** (0.00535)	-0.0131*** (0.00087)	-0.0197*** (0.00233)	-0.0276*** (0.00278)
Small	0.00649 (0.00557)	-0.0132 (0.0121)	-0.0144 (0.0164)	0.0242** (0.0118)	0.0203 (0.0202)	0.00392 (0.0400)	0.00686 (0.00558)	-0.0132 (0.0121)	-0.0171 (0.0187)

续表

因变量：SC

变量		(1)	(2)	(3)	(4)	(5)	(6)	(7)	(8)	(9)
Med		-0.00085	-0.0178	-0.00874	0.0161	0.0181	0.00794	-0.00034	-0.0178	-0.0118
		(0.00555)	(0.0120)	(0.0164)	(0.0117)	(0.0201)	(0.0399)	(0.00555)	(0.0120)	(0.0187)
Large		0.00352	0.00911	0.0186	0.0261**	0.0508**	0.0452	0.00408	0.00912	0.0154
		(0.00557)	(0.0121)	(0.0164)	(0.0117)	(0.0201)	(0.0400)	(0.00558)	(0.0121)	(0.0187)
Indsalegrow		0.00105***	-0.00266***	-0.00180***	-0.00029	0.00169*	0.00072	0.00103***	-0.00266***	-0.00181***
		(0.00024)	(0.00031)	(0.00033)	(0.00042)	(0.0009)	(0.00092)	(0.00024)	(0.00031)	(0.00033)
Indebt		-0.166***	-0.131***	-0.168***	-0.122***	-0.121***	-0.167***	-0.166***	-0.131***	-0.169***
		(0.00836)	(0.0120)	(0.0137)	(0.0111)	(0.0156)	(0.0213)	(0.00836)	(0.0120)	(0.0137)
Open		-0.00569***	-0.00972***	-0.0156***	-0.00810***	-0.00664**	-0.0135***	-0.00571***	-0.00972***	-0.0160***
		(0.00079)	(0.00212)	(0.00314)	(0.00134)	(0.00309)	(0.00491)	(0.00079)	(0.00212)	(0.00312)
Tech		0.0138***	0.0181***	0.0124***	0.0177***	0.0193***	0.0131***	0.0138***	0.0181***	0.0124***
		(0.00065)	(0.00117)	(0.00129)	(0.00105)	(0.00183)	(0.00239)	(0.00065)	(0.00117)	(0.0013)
Lowtech		-0.00724***	-0.00467***	-0.00945***	-0.00488***	-0.00453**	-0.00988***	-0.00726***	-0.00467***	-0.00947***
		(0.00062)	(0.00119)	(0.00127)	(0.00101)	(0.00183)	(0.00229)	(0.00062)	(0.00119)	(0.00127)
地区效应		有	有	有	有	有	有	有	有	有
时间效应		有	有	有	有	有	有	有	有	有
观测值		485839	198371	146513	121881	50830	29666	485839	198371	146727
R^2		0.113	0.141	0.176	0.162	0.158	0.221	0.114	0.141	0.177

注：括号内为稳健标准误，* 表示 $p < 0.10$，** 表示 $p < 0.05$，*** 表示 $p < 0.01$。

我国地区经济发展与企业社保成本之间的良性循环效应以及恶性锁定效应是客观存在的。

7.1.3 分省份实证检验

上部分将样本按照人口流动比率分为人口流入地区、中间地区以及人口流出地区三组样本分别进行回归分析。尽管分组样本回归的结果与预期一致，但由于分组依赖于对人口流动比率临界点的主观规定，和真实的临界值相比，可能存在一定的偏差，这在一定程度上降低了上部分实证研究的可信程度[①]。因此，本部分的实证策略是选择的企业样本处于距离比较邻近，具有相近地理、自然资源、气候以及传统人文特征，但其人口流动比率差异较大的省份，通过对比两组样本中的地区经济发展变量回归系数，可以比较客观地了解到人口流动因素在其中的深刻影响。所选择的对比省份是广东和广西、浙江和安徽，广东和浙江是我国人口迁移的重点地区，其人口流动比率分别为 24.42 以及 6.385（2010 年人口普查），而广西和安徽尽管分别毗邻广东与浙江，却属于人口流出远大于流入的省份，其人口流动比率分别为 0.201 以及 0.058（2010 年人口普查）。因此，根据本章的逻辑，可以预期在广东和浙江的企业样本组中，经济发展变量的系数应该显著为负，而在广西和安徽的样本组中，经济发展变量的系数不会出现显著为负的情况。本部分还提供了河北和河南的企业样本回归结果作为对照，河北与河南均属于流动人口比率较低的省份（根据 2010 年人口普查统计，其人口流动比率分别为 0.409 以及 0.069），根据本章的逻辑，两

---

① 笔者也尝试应用 Hansen（1999）建议的面板阈值回归（Panel Threshold Regression）进行估计，但是该方法要求面板数据为平衡面板，而本书所使用的是非平衡面板数据，如果要转为平衡面板数据形式，需要剔除掉绝大部分样本，这将严重损害本书实证研究的可靠性。

省份企业样本的经济发展变量回归系数应该没有显著差异，而且也不会出现显著为负。

分省份检验的估计结果如表 7 - 2、表 7 - 3 和表 7 - 4 所示，其中第 1 列、第 3 列、第 5 列为广东、浙江和河北的企业样本组，第 2 列、第 4 列、第 6 列为广西、安徽和河南的企业样本组。从分省份检验可以看到，广东、浙江的企业样本组中，3 个经济发展变量 Lnindnum、Lnprotax 和 Lngdp 的系数均显著为负，然而作为对比的省区（广西和安徽）样本组中，经济发展变量的系数均不显著或显著为正。考虑到相邻两省份的企业特征以及所处城市经济环境可能存在较大差异，表 7 - 2 和表 7 - 3 的回归中均控制了企业特征变量以及城市固定效应，因此用以对比的不同省份样本组之间经济发展变量回归系数上的差异，很可能源于两省份在人口流动状况上存在截然相反的差异。是否存在某种难以观测的因素，与人口流动密切相关，因而同时影响到了广东、广西、浙江以及安徽的企业样本，以至于表 7 - 2 和表 7 - 3 中两组样本回归系数的显著差异只是一种巧合？为了回应这一问题，本部分还选择同属于人口净流出省份的河北与河南进行对比检验，河北与河南是北方省份，地理上均属于平原地带，如果难以观测的因素属于以上广东等四省份所特有的，那么使用河北与河南的样本进行实证检验可以有效避免这类不可观测因素的干扰。表 7 - 4 给出河北与河南的分组回归估计结果，为了对比两省样本的经济发展系数是否存在统计上的显著差异，表 7 - 4 还给出了系数比较的 F 检验结果。可以看到，在河北与河南的样本中，经济发展变量的回归系数大部分不显著，只有最后两次回归系数是显著为正，并没有出现显著为负的结果。从 F 检验的情况来看，F 统计量都很小且不显著，说明两省样本回归系数并没有显著差异。

表 7 - 2　地区经济发展与企业社会保险成本：广东 vs 广西

变量	因变量：SC					
	(1)	(2)	(3)	(4)	(5)	(6)
Lnindnum	- 0. 00363 ***	0. 0458 ***	—	—	—	—
	(0. 000516)	(0. 00567)				
Lnprotax	—	—	- 0. 00564 *	0. 0391 **		
			(0. 00301)	(0. 0188)		
Lngdp	—	—	—	—	- 0. 00651 ***	0. 0168
					(0. 00103)	(0. 0319)
Cashratio	0. 000216	0. 00686	0. 00549	- 0. 0101	- 0. 00211	- 0. 00166
	(0. 00205)	(0. 00931)	(0. 00391)	(0. 0207)	(0. 00199)	(0. 00928)
Debt	- 0. 00387 **	- 0. 0106	0. 000155	0. 00382	- 0. 00496 ***	- 0. 0122
	(0. 00164)	(0. 00752)	(0. 00283)	(0. 0162)	(0. 00162)	(0. 00757)
Salegrow	- 0. 00326 ***	- 0. 0125 ***	- 0. 00397 ***	- 0. 0203 ***	- 0. 00319 ***	- 0. 0129 ***
	(0. 000372)	(0. 00164)	(0. 000773)	(0. 00361)	(0. 000365)	(0. 00162)
Unionrate	0. 0550 ***	0. 152 ***	0. 0647 ***	0. 182 ***	0. 0525 ***	0. 149 ***
	(0. 00177)	(0. 00633)	(0. 00244)	(0. 00952)	(0. 00171)	(0. 00625)
State	0. 0127 ***	0. 0181 **	0. 0201 ***	0. 0445 ***	0. 0113 ***	0. 0206 **
	(0. 00154)	(0. 00860)	(0. 00284)	(0. 0157)	(0. 00153)	(0. 00858)
Private	- 0. 00167	- 0. 0145 *	- 0. 00219	- 0. 00633	- 0. 00144	- 0. 0121
	(0. 00154)	(0. 00872)	(0. 00299)	(0. 0167)	(0. 00154)	(0. 00877)
Small	- 0. 0659 ***	0. 0546	- 0. 139 ***	0. 0183	- 0. 0703 ***	0. 0442
	(0. 0190)	(0. 0456)	(0. 0331)	(0. 111)	(0. 0195)	(0. 0785)
Med	- 0. 0862 ***	0. 0630	- 0. 154 ***	0. 0354	- 0. 0873 ***	0. 0534
	(0. 0189)	(0. 0453)	(0. 0329)	(0. 111)	(0. 0194)	(0. 0784)
Large	- 0. 0973 ***	0. 0807 *	- 0. 160 ***	0. 0560	- 0. 0963 ***	0. 0720
	(0. 0190)	(0. 0454)	(0. 0329)	(0. 111)	(0. 0194)	(0. 0784)
Indsalegrow	0. 000926 *	- 0. 00615 ***	0. 000402	- 0. 00828 **	0. 000433	- 0. 00623 ***
	(0. 000506)	(0. 00136)	(0. 000770)	(0. 00402)	(0. 000491)	(0. 00138)
Indebt	- 0. 136 ***	- 0. 0540	- 0. 0655 ***	0. 0557	- 0. 134 ***	- 0. 0727
	(0. 0159)	(0. 0540)	(0. 0214)	(0. 0813)	(0. 0153)	(0. 0541)

续表

变量	因变量：SC					
	（1）	（2）	（3）	（4）	（5）	（6）
Open	− 0.0111 ***	− 0.0353 ***	− 0.00638 ***	− 0.0329 **	− 0.00590 ***	− 0.0278 ***
	（0.00134）	（0.00904）	（0.00243）	（0.0137）	（0.00130）	（0.00849）
Tech	0.0129 ***	0.0221 ***	0.0115 ***	0.0301 ***	0.00925 ***	0.0249 ***
	（0.00121）	（0.00580）	（0.00193）	（0.0101）	（0.00118）	（0.00597）
Lowtech	− 0.000997	− 0.00373	− 0.0000550	0.00470	− 0.00279 **	− 0.00164
	（0.00113）	（0.00537）	（0.00179）	（0.0101）	（0.00110）	（0.00541）
城市效应	有	有	有	有	有	有
时间效应	有	有	有	有	有	有
观测值	110893	9355	28846	2469	110893	9477
R^2	0.059	0.256	0.117	0.266	0.104	0.270

注：括号内为稳健标准误，* 表示 $p < 0.10$，** 表示 $p < 0.05$，*** 表示 $p < 0.01$。

表 7 − 3　地区经济发展与企业社会保险成本：浙江 vs 安徽

变量	因变量：SC					
	（1）	（2）	（3）	（4）	（5）	（6）
Lnindnum	− 0.0517 ***	− 0.00213				
	（0.00305）	（0.00358）				
Lnprotax	—	—	− 0.0123 **	− 0.00323		
			（0.00599）	（0.00731）		
Lngdp	—	—	—	—	− 0.0140 **	0.00166
					（0.00681）	（0.00911）
Cashratio	0.00383 **	0.0103	0.0000568	0.0246 *	0.00431 **	0.0104
	（0.00175）	（0.00633）	（0.00374）	（0.0147）	（0.00175）	（0.00634）
Debt	− 0.00588 ***	0.0199 ***	0.000435	0.0153 *	− 0.00587 ***	0.0200 ***
	（0.00170）	（0.00482）	（0.00334）	（0.00890）	（0.00170）	（0.00483）
Salegrow	− 0.00447 ***	− 0.00300 ***	− 0.00791 ***	− 0.00760 ***	− 0.00462 ***	− 0.00300 ***
	（0.000423）	（0.000788）	（0.000913）	（0.00156）	（0.000424）	（0.000788）

续表

变量	因变量：SC					
	（1）	（2）	（3）	（4）	（5）	（6）
Unionrate	0.0345***	0.0806***	0.0449***	0.0927***	0.0346***	0.0806***
	(0.00116)	(0.00427)	(0.00185)	(0.00608)	(0.00116)	(0.00428)
State	0.00607***	−0.0182**	0.00686	−0.00475	0.00627***	−0.0181**
	(0.00198)	(0.00766)	(0.00421)	(0.0131)	(0.00199)	(0.00766)
Private	−0.00848***	−0.0492***	−0.0199***	−0.0589***	−0.00810***	−0.0492***
	(0.00182)	(0.00753)	(0.00406)	(0.0129)	(0.00182)	(0.00753)
Small	−0.0155*	−0.0169	−0.00681	−0.0506***	−0.0157*	−0.0172
	(0.00832)	(0.0232)	(0.0266)	(0.00892)	(0.00833)	(0.0233)
Med	−0.0288***	−0.0135	−0.0274	−0.0556***	−0.0290***	−0.0138
	(0.00828)	(0.0231)	(0.0266)	(0.00574)	(0.00829)	(0.0232)
Large	−0.0305***	0.0335	−0.0251	0	−0.0307***	0.0332
	(0.00833)	(0.0233)	(0.0266)	(0)	(0.00834)	(0.0234)
Indsalegrow	0.000444	−0.00128	−0.000258	0.00863***	0.000388	−0.00128
	(0.000442)	(0.000777)	(0.000695)	(0.00238)	(0.000442)	(0.000777)
Indebt	−0.155***	−0.260***	−0.202***	−0.375***	−0.156***	−0.260***
	(0.0147)	(0.0403)	(0.0205)	(0.0555)	(0.0147)	(0.0403)
Open	−0.0112***	−0.0209***	−0.0170***	−0.0192*	−0.0110***	−0.0209***
	(0.00145)	(0.00721)	(0.00286)	(0.0107)	(0.00145)	(0.00722)
Tech	0.00717***	0.0164***	0.0101***	0.0187***	0.00723***	0.0164***
	(0.00110)	(0.00367)	(0.00191)	(0.00616)	(0.00110)	(0.00366)
Lowtech	−0.00883***	−0.0115***	−0.0135***	0.000866	−0.00877***	−0.0115***
	(0.00103)	(0.00340)	(0.00183)	(0.00572)	(0.00103)	(0.00340)
城市效应	有	有	有	有	有	有
时间效应	有	有	有	有	有	有
观测值	141905	16526	31840	3891	141905	16526
R^2	0.082	0.204	0.127	0.270	0.080	0.204

注：括号内为稳健标准误，*表示 $p<0.10$，**表示 $p<0.05$，***表示 $p<0.01$。

表7-4 地区经济发展与企业社会保险成本：河北 vs 河南

变量	因变量：SC					
	(1)	(2)	(3)	(4)	(5)	(6)
Lnindnum	-0.00216	0.00147	—	—	—	—
	(0.00846)	(0.00489)				
Lnprotax	—	—	-0.00730	-0.00924	—	—
			(0.0172)	(0.0101)		
Lngdp	—	—	—	—	0.0330***	0.0196*
					(0.00854)	(0.0115)
Cashratio	-0.0118**	-0.0183***	-0.00390	-0.0150**	-0.0120**	-0.0183***
	(0.00503)	(0.00349)	(0.00890)	(0.00755)	(0.00503)	(0.00349)
Debt	0.0336***	0.0356***	0.0395***	0.0321***	0.0338***	0.0357***
	(0.00409)	(0.00319)	(0.00667)	(0.00598)	(0.00408)	(0.00319)
Salegrow	-0.00184**	-0.00549***	-0.00744***	-0.00537**	-0.00174**	-0.00547***
	(0.000819)	(0.000582)	(0.00148)	(0.00273)	(0.000820)	(0.000584)
Unionrate	0.0853***	0.0722***	0.105***	0.0938***	0.0854***	0.0722***
	(0.00347)	(0.00296)	(0.00464)	(0.00459)	(0.00347)	(0.00296)
State	-0.0109	-0.0238***	0.0149	-0.0103	-0.0108	-0.0237***
	(0.00752)	(0.00846)	(0.0102)	(0.0167)	(0.00751)	(0.00846)
Private	-0.0399***	-0.0457***	-0.0229**	-0.0375**	-0.0400***	-0.0458***
	(0.00738)	(0.00835)	(0.0102)	(0.0166)	(0.00738)	(0.00835)
Small	0.0365	0.0163	0.0394	0.0371	0.0362	0.0158
	(0.0257)	(0.0246)	(0.0511)	(0.0414)	(0.0256)	(0.0243)
Med	0.0351	0.0141	0.0367	0.0354	0.0346	0.0136
	(0.0255)	(0.0245)	(0.0509)	(0.0411)	(0.0254)	(0.0242)
Large	0.0634**	0.0390	0.0740	0.0733*	0.0628**	0.0384
	(0.0256)	(0.0245)	(0.0509)	(0.0412)	(0.0255)	(0.0243)
Indsalegrow	-0.00380***	-0.00147***	-0.00292*	0.000570	-0.00403***	-0.00145***
	(0.000727)	(0.000554)	(0.00174)	(0.00185)	(0.000733)	(0.000553)
Indebt	-0.0794**	-0.131***	-0.0356	-0.157***	-0.0802**	-0.131***
	(0.0317)	(0.0266)	(0.0382)	(0.0416)	(0.0317)	(0.0266)

变量	因变量：SC					
	（1）	（2）	（3）	（4）	（5）	（6）
Open	-0.0226***	-0.00349	-0.0128*	0.00940	-0.0229***	-0.00345
	(0.00582)	(0.00875)	(0.00695)	(0.0133)	(0.00582)	(0.00874)
Tech	0.0178***	0.0187***	0.0174***	0.0268***	0.0175***	0.0186***
	(0.00298)	(0.00250)	(0.00475)	(0.00454)	(0.00298)	(0.00250)
Lowtech	-0.00471	0.00285	-0.00779*	0.0104***	-0.00477	0.00284
	(0.00303)	(0.00217)	(0.00437)	(0.00393)	(0.00303)	(0.00217)
F统计量	0.18		0.01		2.47	
城市效应	有	有	有	有	有	有
时间效应	有	有	有	有	有	有
观测值	30440	32384	8081	7319	30440	32384
R^2	0.143	0.157	0.183	0.187	0.143	0.157

注：括号内为稳健标准误，*表示 $p<0.10$，**表示 $p<0.05$，***表示 $p<0.01$。

因此，综合表7-2、表7-3和表7-4的分省份回归检验结果可以看到，从各种对比检验中得到的结论是一致的：在人口流动比率高的省份，经济发展可以有效降低企业社会保险成本；在人口流动比率低的省份，经济发展与企业社会保险成本之间没有明显的联系。这与上节的实证检验结果相符，说明本部分的实证研究结论是稳妥可靠的。

7.2 社会保险缴费政策对地区经济增长的影响

本部分将考察地方政府的社会保险缴费政策对地区经济发展的影响。社会保险政策既影响企业的社保支付成本，也影响政府财政收支，还可能影响到劳动力市场的工资决定，进而导致经济总产出以及其他宏观变量的变动，严格地说，应该在一个一般均衡框架内研究。由于这些内容涉及宏观经济学，与本书研究主题有所偏离，需要专门的研究，因此本部分此处只是做简单的探索性检验。希望通过对城市层面的实证检验，一窥社会保险对经济增长的作用效果，为后续的深入研究提供启发性思路。

本部分使用四个变量界定地区社会保险政策：一是城市的法定社会保险费率（SC_ city），其定义在前文已经给出，此处不再重复；二是城市社会保险缴费基数增长率（Scbasegrow），定义为（当期社会保险缴费基数 - 上期社会保险缴费基数）/上期社会保险缴费基数；三是社会保险政策强度（Scintensi-ty），定义为虚拟变量，如果该城市的社会保险缴费基数是按照职工工资总和为缴费基数则取 1，否则取 0①；四是社会保险缴费基数工资比（Scbaseratio），定义为该城市社会保险缴费基数/该城市社会平均月工资的 0.6。Scbasegrow 越高，意味着地方政府通过调高基数增加社会保险费用的动机越强；Scintensity 值如果为 1，意味着社会保险缴费的工资基数没有上限，反映该地区社会保险政策的严格程度。尽管很多城市以当地或所在省份公布的社会平均工资为缴费基准（0.6 ~ 3），但是也有不少城市另行公布社会保险缴费基数，因此该基数与社会平均工资的偏离度在一定程度上可以反映出该地区对社会保险费用的征收力度。

表 7 - 5 给出了探索性实证检验的估计结果，因变量为城市实际人均国内生产总值的对数，解释变量均滞后一期。表 7 - 5 中的第 1 列至第 8 列为 OLS

---

① 变量 Scintensity 取 0 的情形一般是缴费基数以当地或所在省份社会平均工资 0.6 为下限，以社会平均工资 300% 为上限。变量 Scintensity 的取值是笔者从历年各地区社会保险政策文件以及公告中手工提取数据整理所得。

表7-5 社会保险政策对地区经济发展的影响

因变量：Lngdp

变量	OLS									工具变量		
	(1)	(2)	(3)	(4)	(5)	(6)	(7)	(8)	(9)	(10)	(11)	(12)
SC_city	-1.028	-3.764***	—	—	—	—	—	—	-9.431***	—	—	—
	(2.640)	(0.722)							(2.781)			
Scbasegrow	—	—	-0.423***	-0.0982*	—	—	—	—	—	-32.14	—	—
			(0.122)	(0.0557)						(30.64)		
Scintensity	—	—	—	—	-0.0394	-0.102***	—	—	—	—	-1.920*	—
					(0.0837)	(0.0281)					(1.092)	
Scbaseratio	—	—	—	—	—	—	0.0652***	-0.0135*	—	—	—	-0.750*
							(0.0177)	(0.00735)				(0.422)
Lnfixinv	—	0.699***	—	0.699***	—	0.718***		0.698***	0.685***	0.368	0.677***	0.801***
		(0.0249)		(0.0425)		(0.0256)		(0.0400)	(0.0289)	(0.308)	(0.0641)	(0.0825)
Lncity_emp	—	0.145***	—	0.104**	—	0.107***		0.0929**	0.170***	0.0799	0.0266	0.219**
		(0.0239)		(0.0413)		(0.0259)		(0.0382)	(0.0286)	(0.164)	(0.0818)	(0.100)
Lnfdi	—	0.0343***	—	0.0585***	—	0.0368***		0.0625***	0.0282**	-0.0365	0.0285	0.0574*
		(0.00944)		(0.0152)		(0.00921)		(0.0140)	(0.0111)	(0.0778)	(0.0281)	(0.0244)
CPI	—	0.324	—	-1.820	—	-0.630		-2.098	3.352***	35.04	6.003*	14.26***
		(1.049)		(1.885)		(0.921)		(1.670)	(1.142)	(32.57)	(3.462)	(5.437)
Ranking	—	-0.00398**	—	-0.00316*	—	-0.00220		-0.00288	-0.00705**	-0.0325	-0.0241	0.0480**
		(0.00159)		(0.00190)		(0.00144)		(0.00196)	(0.00301)	(0.0338)	(0.0162)	(0.0197)
地区效应	有	有	有	有	有	有	有	有	有	有	有	有
时间效应	有	有	有	有	有	有	有	有	有	有	有	有
观测值	2868	2668	1578	1530	3558	3348	1749	1683	2668	1530	3348	1683
R^2	0.462	0.896	0.422	0.885	0.442	0.879	0.441	0.889	0.882	—	0.187	—

注：括号内为稳健标准误，* 表示 $p<0.10$，** 表示 $p<0.05$，*** 表示 $p<0.01$。

估计结果，其中第1列、第3列、第5列和第7列为只控制了地区和年度效应的单变量回归结果；第2列、第4列、第6列和第8列为加入城市层面一系列特征变量的回归估计结果。城市层面变量之间可能存在相互作用的关系，在计量回归方程中加入城市层面控制变量可能遭遇"Bad Control"问题，反不如单变量回归的结果准确（Angrist和Pischke，2009），因此表7-5同时提供单变量和加入其他控制变量的回归结果。从第1列至第8列OLS的估计结果可以看到，四个社会保险政策变量的系数在8次回归中有5次显著为负，1次显著为正，2次系数值为负但不显著。从OLS得到的估计结果意味着，社会保险政策实施力度越大（表现为更高的社保费率、更高的社保缴费基数增长率、更严的社保缴费政策和征缴力度），则地区经济增长率就越低。由于地区社会保险政策与经济增长可能存在互为因果关系，高经济增长的地区有条件实施更宽松的社会保险缴费政策，因此表7-5的第9~12列提供了使用城市老年人比重作为工具变量估计的结果。短期的经济增长可以影响社会保险政策，但很难影响长期性质的人口结构，因而老年人比重是一个合适的工具变量。从工具变量估计情况来看，与OLS估计结果基本一致，除了Scbasegrow系数值不显著之外，其余社保政策变量系数估计值均显著为负。这说明从OLS得到的研究结论是稳健的。

需要特别说明的是，尽管此处的实证研究表明社会保险缴费政策变量值越高，地区经济增长率就越低，但这并不意味着社会保险缴费政策对于地区经济增长是无用和多余的。地区社保缴费政策的顺利实施对于维持社会保险体制的正常运行，保障劳动者社会保险权益，增进本地区人民的福利水平等关系重大。本部分的研究只是表明过于严厉的社会保险缴费政策可能在一定程度上加重了企业成本负担，损害地区经济增长。

7.3 本章小结

　　本章首先从企业层面考察了地区经济发展对企业社会保险成本的影响。发现了其中存在两种截然不同的效应：一是良性循环效应：地区经济发展显著减少该地区企业的社会保险成本支出，促使企业增加投资，促进该地区的经济增长，形成低成本负担—高经济增长的良性循环；二是恶性锁定效应：地区经济发展与企业社会保险成本支出比重无关（甚至是正相关），企业社会保险成本得不到有效降低，最终使短期经济发展难以持续。人口流入地区主要表现为良性循环效应，而人口流出地区则陷入锁定效应。其根源在于：在人口流出地区中，由于人口流出导致的社会老龄化问题长期存在，因此经济发展并不能带来企业社会保险成本的降低。然后从城市层面进一步研究社会保险缴费政策对地区经济增长的影响。研究发现，城市的社会保险费率越高、社会保险缴费基数增长率越高、社会保险缴费政策越严以及社会保险费用的征缴力度越大，则地区经济增长率就越低，说明过于严厉的社会保险缴费政策将会加重企业成本负担，损害地区经济增长。

　　本章研究显示，地区经济发展与社会保险政策之间存在着复杂的非线性影响关系，因人口流动而产生的地区间社会保险财政支付压力差异长期存在，如果缺少合理的政策干预，地区之间企业社会保险成本和经济发展上的差距将会越来越大。因此政府部门应该采取措施从根本上扭转人口流出地区的人口结构老龄化趋势，缓解人口流出地区的社会保险财政压力，逐步放宽社会缴费政策，减轻企业负担，突破恶性锁定效应，缩小地区差距，促进地区经济协调发展。

第8章 研究结论、政策
建议及研究展望

8.1 研究结论

在我国的社会保险体制中，企业是提供社会保险资金的主要力量，发展状况良好的企业群体能够为我国社会保险体系提供充足的资金，保障社会保险体系的持续顺利运行。本书研究了企业社会保险成本变动所引致的经济后果，即对企业雇佣、利润和投资的影响，并对影响企业社会保险成本的长期性因素进行深入探索，从而对企业社会保险成本、地区社会保险政策、地区财政压力、地区经济发展、地区人口结构变动以及人口迁移之间的复杂联系有了比较全面系统的理解。综合而言，本书有如下主要发现：

（1）企业社会保险成本支出比重上升1个单位标准差，引起企业投资率减少5.32%～6.45%，可以解释10%以上的企业投资变动；同时，也使企业的资产利润率出现比较显著的下降。但企业社会保险成本对雇佣率没有显著作用，其原因在于企业工资可以比较灵活调整，社会保险成本上升引起工资水平下降，导致就业保持不变。企业社会保险成本变动还具有异质性效应，此异质性效应在一定程度上源于不同特征类型企业的劳动资源配置效率差异，劳动密集型行业的企业、规模大的企业以及有工会组织的企业，其社会保险成本变动的负面效应更为显著，原因在于这些类型企业的劳动资源配置效率更低。

（2）目前我国不同地区的企业社会保险成本负担存在较大差异，在经济发展状况好的东南沿海地区以及北上广深等一线城市（人口流入地区），企业社会保险费率和基数都相对比较低，企业社会保险成本负担较轻；而在经济发展相对迟缓的中西部以及东北地区（人口流出地区），社会保险费率和基数都相对较高，企业社会保险成本负担较重。其中，虽然存在有经济发展状况良好地区比经济发展迟缓地区的社会保险基数平均值稍高的部分现象，但其基数差异并不显著，综合考虑两地区人均收入水平的显著差异，不显著的基数差异表明人口流入地区的基数相对偏低，社会保险成本负担较轻。

（3）造成东南沿海地区及北上广深等一线城市与中西部及东北地区社会保险成本差异的原因在于我国人口长期持续的大规模跨区迁移。人口迁移造成人口流入地区老龄化程度较低，而人口流出地区老龄化程度较高。老龄化程度高的地区存在较高的社会保险支付财政压力，老龄化程度低的地区的财政压力相对较轻。为缓解较高的社会保险支付压力，地方政府通过调高社会保险费率和基数、加强社保费用征缴力度等方式增加社会保险费用收入，引致企业社会保险成本支出比重上升。

（4）地区经济发展与企业社会保险成本之间存在两种截然不同的效应：一是良性循环效应：地区经济发展显著减少该地区企业的社会保险成本支出，促使企业增加投资，促进该地区的经济增长，形成低成本负担—高经济增长的良性循环；二是恶性锁定效应：地区经济发展与企业社保成本支出比重无关（甚至是正相关），企业社保成本得不到有效降低，最终使短期经济发展最终难以持续。人口流入地区主要表现为良性循环效应，而人口流出地区则陷入恶性锁定效应。产生锁定效应的根源在于人口流出地区因人口流出导致的社会老龄化问题长期存在，因此经济发展并不能带来企业社会保险成本的降低。

（5）城市的社会保险费率越高、社会保险缴费基数增长率越高、社会保险缴费政策越严以及社会保险费用的征缴力度越大，则地区经济增长率就会越低，说明如果社会保险缴费政策过于严厉的话，将会加重企业社会保险成本负担，损害地区经济长期可持续发展。

8.2　政策建议

显而易见，适度降低企业社会保险成本有利于地区经济的长期可持续发展，但是如果地区社会保险支付的财政压力始终存在，那么企业社会保险成本负担也很难得到根本解决。本书的研究表明，导致地区社会保险支付财政压力长期存在的主要因素是人口流动造成的区域人口老龄化。因此，人口流出地区陷于一个不利的境地：年轻的劳动力外流导致地区老龄化程度越来越高，地区财政支付压力也越来越大，地区只能维持比较高的社会保险费率和基数，提高社会保险费用征缴力度，使地区企业的社会保险支出比重处于较高水平，企业缺乏足够的资金进行投资，影响地区经济增长，这又恶化了地区的财政收支状况。本书称这种情况为恶性锁定效应，人口流出地区一旦陷入锁定效应之中，很难依靠自身力量走出怪圈，我国地区间的经济发展不平衡程度将会越来越大。本书将尝试给出一系列政策建议，希望能够对我国区域经济全面协调发展的政策研究有所助益。

（1）在社会保险体系方面，可以尝试建立社会保险统筹部分的跨省转移机制。我国的养老保险、医疗保险以及失业保险，其费用由企业与个人共同缴纳，工伤和生育保险均由企业缴纳，个人无须负担。企业缴纳部分进入所在地区的统筹账户，由该地区社会保险部门统一支配；个人缴纳部分进入个人账户，属于个人将来发生社会保险支付事项时所用。在社会保险费用中，企业法定缴纳部分约达32%以上，而个人约为10%，来自企业的资金占据了社会保险资金3/4部分。在我国现行社会保险体制下，外来劳动力如果要回到原籍地，其历年社会保险费用缴纳部分中只能转移个人账户的资金，不能转移统筹账户部分。由于我国目前仍存在户籍管制，外来劳动者（特别是受教育程度较低的劳动者）定居在东南沿海地区以及一线城市的门槛高难度大，大多选择在年龄渐老时回到原籍地。在统筹账户无法跨省转移的情况下，原本可以支付给外来劳动者的3/4统筹资金被留在工作地。这些年龄大的外来劳动者回到原籍地后，原籍地社会保险部门需要承担起其全部的社会保险支付①；而人口流入地区则可以将外来劳动者贡献的统筹部分资金用于对本地区居民的社会保险支付，出现"小城市"为"大城市"养老的迹象。随着第一代迁移人员年龄增长，陆续返乡，人口流出地区面对日趋沉重的财政支付压力，相应地，该地区企业的社保成本负担也会越来越重；而人口流入地区则拥有充裕的社保资金，支付压力较小，该地区企业的社保成本负担也比较轻。由此可见，现行社保体系下的跨省转移机制确实可能在一定程度上加重了地区间社保财政支付的

---

① 以养老保险来说，外来劳动者在原籍地领取的养老保险金数量只取决于其缴费年限以及个人账户上的资金数额，与其统筹部分金额多少无关。当然，由于原籍地与工作地在社会平均工资水平上存在一定差异，因此相应的在养老金替代率上也存在一定差异。

不平等程度。因此，积极践行党的十九大报告中强调的"尽快实现养老保险全国统筹"的精神，尝试建立起社会保险统筹部分的跨省转移机制，让统筹部分资金也随个人迁移，这样将可能有效缓解人口流出地区未来的社保支付财政压力，为降低该地区企业社保成本负担创造良好的条件。

（2）人口流出地区应更加有效贯彻落实关于继续阶段性降低社会保险费率的中央文件精神，采用合理合法的措施能在一定程度上降低企业社会保险成本，鼓励创业与投资，扩大地区社保费用征缴范围，充盈税费来源，提升财政收入，从而走出恶性锁定效应。正如表 6-10 所示，人口流出地区的社会保险费率和基数都相对偏高，反映出其企业社会保险成本负担相对较重。由于人口流出地区属于经济发展相对迟缓的地区，需要鼓励企业投资，鼓励创办新的企业，而过高的社会保险成本不利于企业投资和创业（马双和孟晓雨，2016），因此有必要采取一定的措施降低本地区的企业保险成本支出比重。笔者认为，对于人口流出地区，单纯地通过行政措施降低社会保险费率与基数并不一定能产生较好的经济效果，很可能会引起新一轮的恶性循环，最终被迫走回高费率与高基数的老路。尝试将阶段性降低社会保险费率的措施与扩大企业投资和鼓励创新创业协调并行，在当前减少社会保险费用收入与将来获得增加的社会保险费用收入之间精确权衡，真正有效实现开源节流、经济可持续发展。

（3）人口流出地区应充分认识到社会保险成本地区差异背后的人口流出根源，制定相应的政策，优化营商环境，降低制度性交易成本，激活地区企业发展动能，留住本地区年轻劳动者。中西部地区与东南沿海地区工资间的地区差异是客观存在的，但是仍有其他不少因素导致本地区劳动者外流，其中比较重要的是本地区缺乏足够的就业机会。城市发展软环境的优化，将有助于激发更多的制度红利和市场的活力，从而创造更多的就业机会。基于此，本书认为可以考虑采用以下措施助力于创造更多的就业机会：一是进一步优化营商环境，降低制度交易成本，加大对企业的金融扶持，引导本地企业改变企业发展模式，优化劳动要素配置，扩大劳动需求。2008年新《劳动合同法》的实施加强了对劳动者合法权益的保护，但同时也在一定程度上提升了企业劳动用工的成本黏性，降低了企业的劳动需求。不少传统企业依赖于低劳动力成本和资源投入而获得盈利与发展，政府可以尝试通过政策引导和金融支持，引导企业正视劳动保护带来的影响，鼓励企业改变过度依赖劳动力低成本的发展模式，积极采取加大企业的创新投入，优化劳动要素配置等措施应对劳动用工成本的提升。并进一步优化营商环境，降低制度性交易成本，激活市场活力，从而有效扩大企业劳动需求。二是优化地区产业承接、产业链延伸和产业集聚的能力，采取措施积极加大劳动密集型企业引进，有效实现产业促进就业。东部地区将一般加工制造等传统的劳动密集型企业转移到西部地区已成为产业发展的新趋势。多为人口流出地的中西部地区，如果能够优化承接东部产业转移的能力，重视劳动密集型企业的培植与引进，打造成为发达地区产业转移基地，将有利于留住中西部地区丰富的劳动力资源优势，留住年轻劳动力。同时，可以尝试将劳动密集型企业当作一个培养和训练低学历劳动者的平台与中心，加强对劳动密集型企业的外部监督和导向，通过政策扶持和适当的财政资助，使这些企业更加重视对企业员工的人力资本投资，吸引更多本地区低学历的年轻劳动者留下并逐步成长。三是鼓励自主创业，鼓励中小企业集群式发展。近年来，国家深化改革，大力推动"大众创新、万众创业"，催生了数量众多的市场新生主体力量，创新创业成为新发展阶段就业扩容提质的重要措施之一。人口流出地区应以创新为引领，从创新创业的角度寻求发展新动力，通过引入创投资本、建设创投基地以及采取措施降低创业成本等，积极鼓励本地劳动者自主创业。这其中，优化营商环境、加强金融支持、降低新创企业行政审批手续等制度性交易成本，为新创在合理合法的范围内减税降费、一定程度放宽部分行业准入门槛，将会有效提升中西部地区创新创业活跃度。同时，培育区域集群式发展的能力，鼓励中小企业集聚发展。中小企业发展初期资金实力薄弱，发展较慢，政府应从观念、政策、资金和配套等方面培育其集聚发展的能力，使中小企业获得大量集聚溢出效应，增强中小企业发展实力，加快其发展。

（4）从国家层面，可以考虑进一步有效推行社会保险方面的区域协调政策。从 20 世纪 90 年代末起，我国长期持续的大规模人口流动给人口流入地区（东南沿海地区及一线城市）带来了大量社会保险资金积累[①]，以城镇企业职工基本养老保险为例，在现阶段所实施的养老保险现收现付制度和跨区域养老保险转移办法下，外来年轻劳动力所缴纳的养老保险资金被用于支付当期该地区退休老年人的养老保险金，人口流入地区相对于人口流出地区获得的养老保险资金更多。同时，由于户籍管制等原因，外来劳动者（特别是受教育程度较低的劳动者）定居在经济发达城市的门槛高难度大，大多选择在年龄渐老时回到原籍地。当年龄大的劳动者迁移回家时，其所缴纳的养老保险统筹部分不能全部转移，却一般选择在当地领取养老保险金[②]。这也是造成目前中西部地区社会保险财政困难的重要原因。随着人口代际更替阶段来临，我国逐渐步入老龄化社会，人口老龄化给养老保险基金带来的负担逐年加重，基本养老金基金的"贫富差距"愈来愈大。尽管 2018 年起国家已开始通过中央调剂金制度适度缓解地区养老保险基金不平衡，但部分（人口流出）省份依然存在较大的社会保险基金收支平衡压力。为此，国家可以考虑通过以下两方面进一步

---

　　①　尽管人口流动从 20 世纪 80 年代就开始，但实际上城镇企业职工养老保险等五险制度的普遍推行要到 90 年代末才开始。

　　②　以城镇企业职工基本养老保险为例，我国现行的养老保险转移办法规定，养老保险跨地区转移实行"双转移"模式：个人部分资金账户全额转移，但统筹基金只能转走 12%，8% 留在当地。而且流动人口如在外地办理待遇领取手续，除需满足各地缴费累计满 15 年以上，还需满足在基本养老保险关系所在地（流入地）累计缴费年限满 10 年以上，否则将回户籍所在地或上一个缴费年限满 10 年的原参保地办理待遇领取手续。

完善社会保险区域协调政策：一方面，进一步规范社会保险统筹政策，并推动尽快实现养老保险全国统筹。当前，我国社会保险依然实行属地化管理方式，各地社会保险，尤其是养老保险单位缴费比例存在高低不均和地区不一的现象，我国绝大多数省份缴费比率为20%，但人口流入地区由于富余的养老保险基金结余，一般采用较低的缴费比率，如广东、浙江、福建等单位缴费率平均为14%～18%，而人口流出省份因社会保险基金运行压力依然保持较高的缴费比率，企业的社保承受更大的负担。2019年实施新一轮减税降费政策后，大部分省份的单位缴费比率降至16%，进一步激发了企业成长的内生动力和外在动能。为此，进一步规范社会保险统筹政策，并推动尽快实现养老保险全国统筹将有助于均衡区域企业社会保险成本负担，激发企业成长新动能，促进企业更高质量发展，从而逐步实现区域间的协调可持续发展。另一方面，进一步加大企业职工基本养老保险基金中央调剂力度，通过有效再分配实现社会保险区域间协调发展。可以考虑对人口流入地区按一定比例征收人口流动调节金，补贴于人口流出地区，实现区域间的协调发展。人口流动调节金的征收和补贴可每年进行，也可每五年一次，以各省份相互间流动人口数量为基数，基数的确定可依据每五年进行的人口抽样调查和每十年一次的人口普查数据而定。由于我国有着完备的人口调查统计体系和历史资料（精确到街道），因此通过核定各省份流进流出人数来征收人口流动调节金是有技术保证的。

8.3　研究展望

建立有效的社会保障体系，已成为中国全面建设小康社会的重要议题。自改革开放以来，我国逐渐建立了社会统筹和个人账户相结合的社会保险体制。但随着人口代际，我国逐渐呈现人口老龄化现象，社保收支失衡问题日益凸显。有关社会保险、人口老龄化和经济发展的研究主题无疑成为研究的热点。然而，现有的文献主要关注的是社会保障对居民以及经济增长的影响，很少从企业层面出发，也几乎没有文献注意社保成本负担地区差异与人口结构间的复杂联系，这一领域的很多相关重要问题还有待进一步的深入探索。

首先，需要进一步从全局最优化角度研究最优社会保险缴费费率与基数的确定问题。本书从企业角度考察社会保险成本变动对我国企业雇佣、投资与利润等的影响。发现企业社保成本上升使企业投资与利润出现比较显著的下降，从企业角度来看，企业社会保险成本越低越好，但是从全社会的社会福利角度来看，社会保险保障了企业职工未来收入和消费的可持续性，使企业职工能够抵御未来不确定风险的冲击，提升职工的福利水平，故而社会保险应有一个合适的"度"。由于信息不对称的存在，私人保险市场并不能保证提供充足的社会保险，企业也不一定有动力为职工购买保险项目，因此需要政府执行强制规定企业的法定社会保险缴费责任，强制性为全体职工提供基本社会保险，政府应该选择最优的社会保险费率以保证职工个人福利最大化。因此，如何从全局最优化的角度出发，构建一个综合考虑企业利益、个人效用、政府社会保险决策、地区人口迁移、人口老龄化、区域经济联系以及总体经济状况等方面因素的一般均衡模型，估算出最优保险缴费费率是需要进一步探究的重要选题。

其次，需要从宏观层面研究更为现实的问题。本书虽也考察了地方政府的社会保险缴费政策对地区经济发展的影响，但由于这个主题的研究总体更为宏观，而本书的研究主要倾向微观方面，所以对此也只做了简单的探索性检验。在未来研究中将尝试从宏观的层面出发，引入 DSGE 模型深入研究政府社会保险缴费政策与地区经济发展的关系，以及社会保险制度改革（如新农合出台）

与代际支持及生育观念改变的复杂联系。

最后，需要考察我国2016年所实施的降低社会保险阶段性社会保险费率的实际效应。近几年我国政府开始关注企业社会保险成本的巨大负担，为了降低企业社保成本，增强企业的活力，经国务院同意，人力资源社会保障部、财政部已于2016年下发《关于阶段性降低社会保险费率的通知》。该文件的执行效果是未来研究的一个重要方向，也是进一步验证人口结构差异是否引致企业社保成本存在地区差异，政策制定是否应将人口结构变动考虑在内的重要经验证据。

参考文献

［1］ Acemoglu, Daron and Robert Shimer. Efficient Unemployment Insurance ［J］. Journal of Political Economy, 1999, 107 (05): 893 – 928.

［2］ Acemoglu, Daron and Joshua David Angrist. Consequences of Employment Protection? The Case of the Americans with Disabilities Act ［J］. Journal of Political Economy, 2001, 109 (05): 915 – 956.

［3］ Agrawal, Ashwini K. and David A. Matsa. Labor Unemployment Risk and Corporate Financing Decisions ［J］. Journal of Financial Economics, 2013, 108 (02): 449 – 470.

［4］ Almeida Rita and Carneiro Pedro. Enforcement of Labor Regulation and Informality ［J］. American Economic Journal: Applied Economics, 2012, 4 (03): 64 – 89.

［5］ Almeida Rita K. and Aterido Reyes. The Investment in Job Training: Why are SMEs Lagging so Much Behind? ［R］. NBER Working Paper, 2010.

［6］ Angrist, Joshua D. and Jorn – Steffen Pischke. Mostly Harmless Econometrics: An Empiricist's Companion ［M］. New Jevsey: Princeton University Press, 2009.

[7] Ariely Dan., Belenzon Sharon and Tsolmon Ulya. Health Insurance and Relational Contracts in Small American Firms [R]. Duke University, Working Paper, 2013.

[8] Autor David H. and Mark G. Duggan. The Rise in the Disability Rolls and the Decline in Unemployment [J]. Quarterly Journal of Economics, 2003, 118 (01): 157 – 206.

[9] Baicker Katherine and Amitabh Chandra. The Labor Market Effects of Rising Health Insurance Premiums [J]. Journal of Labor Economics, 2006, 24 (03): 609 – 634.

[10] Bergolo Marcelo and Guillermo Cruces. Work and Tax Evasion Incentive Effects of Social Insurance Programs: Evidence from an Employment – Based Benefit Extension [J]. Journal of Public Economics, 2014 (117): 211 – 228.

[11] Buchmueller Thomas C. and Robert G. Valletta. The Effect of Health Insurance on Married Female Labor Supply [J]. Journal of Human Resources, 1999, 34 (01): 42 – 70.

[12] Calcagno Peter T. and Russell S. Sobel. Regulatory Costs on Entrepreneurship and Establishment Employment Size [J]. Small Business Economics, 2014, 42 (03): 541 – 559.

[13] Chetty Raj. Moral Hazard Versus Liquidity and Optimal Unemployment Insurance [J]. Journal of Public Economics, 2008, 116 (21): 173 – 234.

[14] Chu R. C. and Trapnell G. R. Study of the Administrative Costs and Actuarial Values of Small Health Plans [R]. U. S. Small Business Administration, Office of Advocacy, 2003.

[15] Chivers David, Zhigang Feng and Anne P. Villamil. Employment – based

Health Insurance and Misallocation: Implications for the Macroeconomy [J] . Review of Economic Dynamics, 2017 (23): 125 – 149.

[16] Clemens Jeffrey and David M. Cutler. Who Pays for Public Employee Health Costs? [J] . Journal of Health Economics, 2014 (38): 65 – 76.

[17] Cooper Russell W. and John C. Haltiwanger. On the Nature of Capital Adjustment Costs [J] . Review of Economic Studies, 2006, 73 (03): 611 – 633.

[18] Deleire Thomas. The Wage and Employment Effects of the Americans with Disabilities Act [J] . Journal of Human Resource, 2000, 35 (04): 693 – 715.

[19] Diamond Peter A. National Debt in a Neoclassical Growth Model [J] . American Economic Review, 1965 (55): 1126 – 1150.

[20] Diamond Peter and Eytan Sheshinski. Economic Aspects of Optimal Disability Benefits [J] . Journal of Public Economics, 1995 (57): 1 – 23.

[21] Diamond Peter and Peter R. Orszag. Saving Social Security: The Diamond – Orszag Plan [J] . The Economists' Voice, 2005, 2 (01): 1 – 9.

[22] Farber Henry S. and Robert Valletta. Extended Unemployment Insurance and Unemployment Duration in the Great Recession: The U. S. Experience [R] . NBER Working Paper, 2011.

[23] Feder L. and Whelan E. M. Small Businesses, Large Problems: Health Care Costs Hit Small Employers [R] . US: Center for American Progress, 2008.

[24] Feldstein Martin. Social Security, Induced Retirement, and Aggregate Capital Accumulation [J] . Journal of Political Economy, 1974, 82 (05): 905 – 926.

[25] Feldstein Martin. Social Security and Saving New Time Series Evidence [J] . National Tax Journal, 1996, 49 (02): 151 – 164.

［26］ Feldstein Martin and Andrew Samwick. The Economics of Prefunding Social Security and Medicare Benefits ［J］. Nber Macroeconomics Annual, 1997 (12): 115 – 164.

［27］ Feldstein Martin and Jeffrey B. Liebman. The Distributional Effects of an Investment – Based Social Security System ［R］. NBER Working Paper, 2000.

［28］ Feldstein Martin and Jeffrey B. Liebman. The Distributional Effects of an Investment – Based Social Security System ［J］. Investment – Based Social Security: Distributional Effects, 1999 (02): 2 – 8.

［29］ Gruber Jonathan and Alan B. Krueger. The Incidence of Mandated Employer – Provided Insurance: Lessons from Workers' Compensation Insurance ［J］. Tax Policy and the Economy, 1991 (05): 111 – 144.

［30］ Gruber Jonathan. The Incidence of Mandated Maternity Benefits ［J］. The American Economic Review, 1994, 84 (03): 622 – 641.

［31］ Gruber Jonathan. The Incidence of Payroll Taxation Evidence from Chile ［J］. Journal of Labor Economics, 1997, 15 (03): 72 – 101.

［32］ Gruber Jonathan. Disability Insurance Benefits and Labor Supply ［J］. Journal of Public Economics, 2000, 108 (06): 1162 – 1183.

［33］ Gruber Jonathan. The Consumption Smoothing Benefits of Unemployment Insurance ［J］. American Economic Review, 1997 (87): 192 – 205.

［34］ Jolls Christine and J. J. Prescott. Disaggregating Employment Protection: the Case of Disability Discrimination ［EB/OL］. NBER Working Paper, No. 10740. 2004.

［35］ Kobayashi Yohei, et al. Social Security Contributions and Employment Structure: A Microeconometric Analysis Focused on Firm Characteristics ［R］.

Working Paper, 2013.

[36] Kolstad Jonathan T. and Amanda E. Kowalski. Mandate – Based Health Reform and the Labor Market: Evidence from the Massachusetts Reform [R]. NBER Working Paper, 2012.

[37] Kotlikoff, Laurence J. Privatization of Social Security: How it Works and Why It Matters [R]. NBER Working Paper, 1996.

[38] Kramarz Francis and Thomas Philippon. The Impact of Differential Payroll Tax Subsidies on Minimum Wage Employment [J]. Journal of Public Economics, 2001, 82 (01): 115 – 146.

[39] Krueger Alan B. and Jorn – Steffen Pischke. The Effect of Social Security on Labor Supply [J]. Journal of Labor Economics, 1992, 10 (04): 412 – 437.

[40] Lalive Rafael, et al. Do Financial Incentives Affect Firms' Demand for Disabled Workers [J]. Journal of the European Economic Association, 2013, 11 (01): 25 – 58.

[41] Leimer Dean R. and Selig D. Lesnoy. Social Security and Private Saving: New Time Series Evidence [J]. Journal of Political Economy, 1982, 90 (03): 606 – 629.

[42] Li Zhigang and Minqin Wu. Estimating the Incidences of the Recent Pension Reform in China: Evidence from 100000 Manufacturers [J]. Contemporary Economic Policy, 2013, 31 (02): 332 – 344.

[43] Li Shiyu and Shuanglin Lin. Is There any Gain from Social Security Privatization? [J]. China Economic Review, 2011, 22 (03): 278 – 289.

[44] Lu Yi, et al. Union Effects on Performance and Employment Relation: Evidence from China [J]. China Economic Review, 2010 (21): 202 – 210.

［45］ Madrian Brigitte C. Employment – Based Health Insurance and Job Mobility： Is There Evidence of Job – lock ［J］. Quarterly Journal of Economics， 1994， 109 （01）： 27 – 54.

［46］ Melguizo Ángel and González – Páramo José Manuel. Who Bears Labour Taxes and Social Contributions? A Meta – analysis Approach ［J］. Series， 2013， 4 （03）： 247 – 271.

［47］ Meyer Bruce D. Unemployment Insurance and Unemployment Spells ［J］. Econometrica， 1990 （58）： 757 – 782.

［48］ Meyer Bruce D. Lessons from the U. S. Unemployment Insurance Experiments ［J］. Journal of Economic Literature， 1995 （33）： 91 – 131.

［49］ Moffitt R. Unemployment Insurance and the Distribution of Unemployment Spells ［J］. Journal of Econometrics， 1985 （28）： 85 – 101.

［50］ Olney and William W. A Race to the Bottom? Employment Protection and Foreign Direct Investment ［J］. Journal of International Economics， 2013， 91 （02）： 191 – 203.

［51］ Olson Craig A. A Comparison of Parametric and Semiparametric Estimates of the Effect of Spousal Health Insurance Coverage on Weekly Hours Worked by Wives ［J］. Journal of Applied Econometrics， 1998， 13 （05）： 543 – 565.

［52］ Page Timothy F. and Karen Smith Conway. The Labor Supply Effects of Taxing Social Security Benefits ［J］. Public Finance Review， 2015， 43 （03）： 291 – 323.

［53］ Potrafke Niklas. Globalization and Labor Market Institutions： International Empirical Evidence ［J］. Journal of Comparative Economics， 2013， 41 （03）： 829 – 842.

［54］Prada, María F. , Rucci Graciana and Urzúa Sergio S. The Effect of Mandated Child Care on Female Wages in Chile ［R］. NBER Working Paper, 2015.

［55］Puhani, Patrick A. and Falko Tabbert. The Effects of Pension Changes on Age of First Benefit Receipt: Regression Discontinuity Evidence from Repatriated Ethnic Germans ［J］. Labour Economics, 2016 (38): 12 – 23.

［56］Qin Gao, et al. Labor Contracts and Social Insurance Participation among Migrant Workers in China ［J］. China Economic Review, 2012, 23 (04): 1195 – 1205.

［57］Saez Emmanuel, et al. Earnings Determination and Taxes: Evidence from a Cohort – Based Payroll Tax Reform in Greece ［J］. Quarterly Journal of Economics, 2012, 127 (01): 493 – 533.

［58］Saez Emmanuel, et al. Payroll Taxes, Firm Behavior and Rent Sharing: Evidence from a Young Workers' Tax Cut in Sweden ［J］. The American Economic Review, 2019, 109 (05): 1717 – 1763.

［59］Schmieder Johannes F. Wachter Till Von and Bender Stefan. The Effects of Extended Unemployment Insurance over the Business Cycle: Evidence from Regression Discontinuity Estimates over 20 Years ［J］. The Quarterly Journal of Economics, 2012, 127 (02): 701 – 752.

［60］Schone, Barbara Steinberg and Jessica Primoff Vistnes. The Relationship between Health Insurance and Labor Force Decisions: An Analysis of Married Women ［R］. Working Paper, 2000.

［61］Simonovits, András. The Mandatory Private Pension Pillar in Hungary: An Obituary. International ［J］. Social Security Review, 2011

（64）：81 – 98.

[62] Summers Lawrence H. Some Simple Economics of Mandated Benefits [J]. The American Economic Review, 1989, 79 (02)：177 – 183.

[63] Tsai Yuping. Social Security Income and the Utilization of Home Care：Evidence from the Social Security Notch [J]. Journal of Health Economics, 2015 (43)：45 – 55.

[64] Vargas Andres J. The Effect of Social Security Contributions on Coverage and Wages：A Gender Perspective Using a Natural Experiment from Colombia [J]. Southern Economic Journal, 2011, 78 (02)：476 – 501.

[65] Wooldridge J. M. Econometric Analysis of Cross Section and Panel Data [M]. Cambridge, MA：MIT Press, 2010.

[66] Yao Yang and Zhong Ninghua. Unions and Workers' Welfare in Chinese Firms [J]. Journal of Labor Economics, 2013, 31 (03)：633 – 667.

[67] Zandberg Eelco and Laura Spierdijk. Funding of Pensions and Economic Growth：Are They Really Related? [J]. Journal of Pension Economics and Finance, 2013, 12 (02)：151 – 167.

[68] Ziebarth Nicolas R. and Martin Karlsson. The Effects of Expanding the Generosity of the Statutory Sickness Insurance System [J]. Journal of Applied Econometrics, 2014, 29 (02)：208 – 230.

[69] 敖荣军. 制造业集中、劳动力流动与中部地区的边缘化 [J]. 南开经济研究, 2005 (01)：61 – 66.

[70] 白重恩, 吴斌珍, 金烨. 中国养老保险缴费对消费和储蓄的影响 [J]. 中国社会科学, 2012 (08)：48 – 71.

[71] 曹春方, 马连福, 沈小秀. 财政压力、晋升压力、官员任期与地方

国企过度投资［J］．经济学（季刊），2014，13（04）：1415－1436.

［72］陈彦斌，郭豫媚，姚一昊．人口老龄化对中国高储蓄的影响［J］．金融研究，2014（01）：71－84.

［73］程杰．养老保障的劳动供给效应［J］．经济研究，2014（10）：60－73.

［74］程永宏．现收现付制与人口老龄化关系定量分析［J］．经济研究，2005（03）：57－68.

［75］陈琳．生育保险、女性就业与儿童照料——基于中国微观数据的分析［J］．经济学家，2011（07）：54－60.

［76］董克用．我国社会保险制度改革的背景环境和模式选择［J］．管理世界，1995（04）：173－178.

［77］Diamond Peter 等．中国社会保障体制改革：问题和建议［R］．中国经济研究和咨询项目，2005.

［78］范剑勇，王立军，沈林洁．产业集聚与农村劳动力的跨区域流动［J］．管理世界，2004（04）：22－29.

［79］范子英．土地财政的根源：财政压力还是投资冲动［J］．中国工业经济，2015（06）：18－31.

［80］封进．中国养老保险体系改革的福利经济学分析［J］．经济研究，2004（02）：55－63.

［81］封进．社会保险对工资的影响——基于人力资本差异的视角［J］．金融研究，2014（07）：109－123.

［82］封进，张素蓉．社会保险缴费率对企业参保行为的影响——基于上海社保政策的研究［J］．上海经济研究，2012（03）：47－55.

［83］高波，陈健，邹琳华．区域房价差异、劳动力流动与产业升级

[J]．经济研究，2012（01）：66 - 79.

[84] 国务院发展研究中心社会保障课题组．分离体制转轨成本，建立可持续发展制度——世纪之交的中国养老保障制度改变研究报告 [J]．管理世界，2000（06）：63 - 72.

[85] 龚锋，余锦亮．人口老龄化、税收负担与财政可持续性 [J]．经济研究，2015（08）：16 - 30.

[86] 郝大明．1978 - 2014 年中国劳动配置效应的分离与实证 [J]．经济研究，2015（07）：16 - 29.

[87] 韩淑娟，马瑜．转型期劳动力回流问题研究——以山西抽样调查为例 [J]．经济问题，2013（05）：61 - 65.

[88] 胡翠，许召元．人口老龄化对储蓄率影响的实证研究——来自中国家庭的数据 [J]．经济学（季刊），2014，13（04）：1345 - 1364.

[89] 黄宏伟，展进涛，陈超．"新农保"养老金收入对农村老年人劳动供给的影响 [J]．中国人口科学，2014（02）：106 - 128.

[90] 蒋云赟．我国人口结构变动对国民储蓄的影响的代际分析 [J]．经济科学，2009（01）：30 - 38.

[91] 靳文惠．预期寿命、生育率变动与基本养老保险统筹账户调整 [J]．南方经济，2018（06）：25 - 45.

[92] 康传坤，楚天舒．人口老龄化与最优养老金缴费率 [J]．世界经济，2014（04）：139 - 160.

[93] 李江一，李涵．新型农村社会养老保险对老年人劳动参与的影响——来自断点回归的经验证据 [J]．经济学动态，2017（03）：62 - 73.

[94] 李实，王亚柯．中国东西部地区企业职工收入差距的实证分析 [J]．管理世界，2005（06）：16 - 26.

[95] 李尚蒲, 罗必良. 地方政府竞争: 财政赤字扩张及其攀比效应 [J]. 学术研究, 2015 (09): 66 – 75.

[96] 林山君, 孙祁祥. 人口老龄化、现收现付制与中等收入陷阱 [J]. 金融研究, 2015 (06): 48 – 63.

[97] 刘奥龙. 城乡养老保险统筹对农业人口劳动供给的影响——基于 PSM – DID 方法的实证研究 [J]. 经济问题探索, 2019 (7): 181 – 190.

[98] 刘欢. 社会保障与农村老年人劳动供给——基于中国健康与养老追踪调查数据的研究 [J]. 劳动经济研究, 2017, 5 (02): 96 – 111.

[99] 刘昌平, 毛婷, 常懿心. 基于代际公平的城镇职工基本养老保险最优缴费率研究 [J]. 社会保障研究, 2021 (01): 43 – 53.

[100] 刘贯春, 叶永卫, 张军. 社会保险缴费、企业流动性约束与稳就业——基于《社会保险法》实施的准自然实验 [J]. 中国工业经济, 2021 (05): 152 – 169.

[101] 刘慧龙, 张敏, 王亚平, 吴联生. 政治关联、薪酬激励与员工配置效率 [J]. 经济研究, 2010 (09): 109 – 136.

[102] 刘建国, 孙勤英. 人口老龄化对地方财政可持续的影响——基于世代交叠模型及中国市级面板数据的经验分析 [J]. 财政科学, 2019 (06): 70 – 80.

[103] 刘穷志, 何奇. 人口老龄化、经济增长与财政政策 [J]. 经济学 (季刊), 2012, 12 (01): 119 – 134.

[104] 刘学军, 赵耀辉. 劳动力流动对城市劳动力市场的影响 [J]. 经济学 (季刊), 2009, 8 (02): 693 – 710.

[105] 刘永平, 陆铭. 从家庭养老角度看老龄化的中国经济能否持续增长 [J]. 世界经济, 2008 (01): 65 – 77.

［106］刘子兰，邓茜文，周成．养老保险对劳动供给和退休决策的影响［J］．经济研究，2019（06）：151－167.

［107］吕捷，林宇浩．新农保对家庭劳动供给的非对称影响研究：基于 McElroy－Horney 纳什博弈模型［J］．管理评论，2019，31（06）：258－266.

［108］廖冠民，陈燕．劳动保护、劳动密集度与经营弹性：基于 2008 年《劳动合同法》的实证检验［J］．经济科学，2014（02）：91－103.

［109］马双，孟宪芮，甘犁．养老保险企业缴费对员工工资就业的影响分析［J］．经济学（季刊），2014，13（03）：967－1000.

［110］马双，孟晓雨．劳动力成本与家庭创业：基于企业养老保险缴费的实证研究［J］．经济学报，2016，3（02）：110－137.

［111］聂辉华，江艇，杨汝岱．中国工业企业数据库的使用现状和潜在问题［J］．世界经济，2012（03）：142－158.

［112］彭国华．技术能力匹配、劳动力流动与中国地区差距［J］．经济研究，2015（01）：99－110.

［113］彭浩然，陈斌开．鱼和熊掌能否兼得——养老金危机的代际冲突研究［J］．世界经济，2012（02）：84－97.

［114］乔雪，陈济冬．失业保险政策对隐性就业规模和社会产出的影响［J］．世界经济，2011（02）：87－102.

［115］宋弘，封进，杨婉彧．社会缴费率下降对企业社保缴费与劳动力雇佣的影响［J］．经济研究，2021（01）：90－104.

［116］史晓丹．我国人口老龄化趋势对储蓄率的影响研究［J］．南方经济，2013（07）：56－63.

［117］石智雷，杨云彦．金融危机影响下女性农民工回流分析［J］．中国农村经济，2009（09）：28－35.

［118］唐跃军，赵武阳．二元劳工市场、解雇保护与劳动合同法［J］．南开经济研究，2009（01）：122－152．

［119］汪伟．经济增长、人口结构变化与中国高储蓄［J］．经济学（季刊），2009，9（01）：29－52．

［120］汪伟．人口老龄化、养老保险制度变革和中国经济增长——理论分析与数值模拟［J］．金融研究，2012（10）：29－45．

［121］汪伟，艾春荣．人口老龄化与中国储蓄率的动态演化［J］．管理世界，2015（06）：47－62．

［122］王贺嘉．央地财政关系：协调失灵与地方政府财政赤字扩张偏向［J］．财经研究，2016，42（06）：27－39．

［123］王婷，程豪，王科斌．区域间劳动力流动、人口红利与全要素生产率增长——兼论新时代中国人口红利转型［J］．人口研究，2020，44（2）：18－32．

［124］王小鲁，余静文，樊纲．中国分省企业经营环境指数2013年报告［M］．北京：中信出版集团，2013．

［125］王子成，赵忠．农民工迁移模式的动态选择：外出、回流还是再迁移［J］．管理世界，2013（01）：78－88．

［126］吴海青，锁凌燕，孙祁祥．新农保对农村中老年人劳动供给时间的影响——基于年龄与家庭收入的异质性分析［J］．财政理论与实践，2020，41（03）：39－45．

［127］吴俊培，赵斌．人口老龄化、公共人力资本投资与经济增长［J］．经济理论与经济管理，2015（10）：5－19．

［128］魏下海，董志强，金钊．工会改善了企业雇佣期限结构吗？——来自全国民营企业抽样调查的经验证据［J］．管理世界，2015（05）：52－62．

［129］伍振军，郑力文，崔传义，孔祥智．中国农村劳动力返乡：基于人力资本回报的理论和实证分析［J］．经济理论与经济管理，2011（11）：100－108.

［130］谢露露．产业集聚和工资"俱乐部"：来自地级市制造业的经验研究［J］．世界经济，2015（10）：148－168.

［131］邢春冰，贾淑艳，李实．教育回报率的地区差异及其对劳动力流动的影响［J］．经济研究，2013（11）：114－126.

［132］许伟，陈斌开．银行信贷与中国经济波动：1993－2005［J］．经济学（季刊），2009，8（03）：969－994.

［133］许召元，李善同．区域间劳动力迁移对地区差距的影响［J］．经济学（季刊），2008，8（01）：53－76.

［134］袁志刚．中国的乡—城劳动力流动与城镇失业：一个经验研究［J］．管理世界，2006（08）：28－35.

［135］杨云彦，徐映梅，向书坚．就业替代率与劳动力流动：一个新的分析框架［J］．经济研究，2003（08）：71－75.

［136］杨志嫒，盖骁敏．老龄化、养老保险与中国城镇居民储蓄率［J］．经济经纬，2020，37（04）：150－158.

［137］易苗，周申．开放与我国跨区域劳动力流动———一个新的理论解释［J］．人口与经济，2014（04）：51－64.

［138］臧新，赵炯．外资区域转移背景下FDI对我国劳动力流动的影响研究［J］．数量经济技术经济研究，2016（03）：78－93.

［139］张川川，John Giles，赵耀辉．新型农村社会养老保险政策效应评估———收入、贫困、消费、主观福利和劳动供给［J］．经济学（季刊），2014，14（01）：201－230.

[140] 张莉娜,吕祥伟.中国式财政分权、劳动力流动与区域经济增长 [J].经济问题探索,2021 (06):15-29.

[141] 张吉鹏,黄金,王军辉,黄勔.城市落户门槛与劳动力回流[J].经济研究,2020 (07):175-190.

[142] 张世伟,林书宇.地区间预期收入差距对东北地区劳动力流出的影响 [J].吉林大学社会科学学报,2021 (1):80-89.

[143] 张文武,梁琦.劳动地理集中、产业空间与地区收入差距 [J].经济学(季刊),2011,10 (02):693-708.

[144] 张迎斌,刘志新,柏满迎,罗淇耀.社会基本养老保险的均衡体系与最优替代率研究——基于跨期叠代模型的实证分析 [J].金融研究,2013 (01):79-91.

[145] 章铮.进城定居还是回乡发展?——民工迁移决策的生命周期分析 [J].中国农村经济,2006 (07):21-29.

[146] 张宗益,周勇,卢顺霞,陈义华.西部地区农村外出劳动力回流:动因及其对策 [J].统计研究,2007,24 (12):9-15.

[147] 曾益等.我国城镇职工基本养老保险缴费率的下调空间及其财政效应研究 [J].财经研究,2018 (12):70-84.

[148] 曾毅.中国人口老化、退休金缺口与农村养老保障 [J].经济学(季刊),2005,4 (04):1044-1066.

[149] 曾庆生,陈信元.国有控股、超额雇员与劳动力成本 [J].经济研究,2006 (05):74-86.

[150] 赵静.失业保险与就业促进——基于基金支出范围视角的双重差分法分析 [J].中国经济问题,2014 (01):81-90.

[151] 赵静,毛捷,张磊.社会保险缴费率、参保概率与缴费水平——

对职工和企业逃避费行为的经验研究［J］．经济学（季刊），2015，15（01）：341 – 372.

［152］赵娜，魏培昱．新农合如何影响农村中老年人口劳动供给——基于动态随机模型的分析［J］．财经科学，2019（02）：74 – 90.

［153］赵文哲，杨其静，周业安．不平等厌恶性、财政竞争和地方政府财政赤字膨胀关系研究［J］．管理世界，2010（01）：44 – 53.

［154］赵昕东，王昊，刘婷．人口老龄化、养老保险与居民储蓄率［J］．中国软科学，2017（08）：156 – 165.

［155］周小菲，陈滔，臧文斌．新型农村合作医疗对农业劳动力供给的影响［J］．中国经济问题，2020（03）：30 – 42.

［156］周心怡，邓龙真，龚锋．人口老龄化、养老保险缴费率与基本养老金目标替代率［J］．财贸研究，2020（02）：57 – 67.

［157］周云波，曹荣荣．新农保对农村中老年人劳动供给行为的影响——基于 PSM – DID 方法的研究［J］．人口与经济，2017（05）：95 – 107.

［158］中国社会科学院经济研究所社会保障组．多轨制社会养老保障体系的转型路径［J］．经济研究，2013（12）：4 – 16.